근현대 전법 선맥(傳法禪脈)

75조 경허 성우(鏡虛 惺牛) 전법선사

홀연히 콧구멍 없는 소 되라는 말끝에 　忽聞人語無鼻孔
삼천계가 내 집임을 단박에 깨달았네 　頓覺三千是我家
유월의 연암산을 내려가는 길에서 　六月鷰岩山下路
일없는 야인이 태평가를 부르노라 　野人無事太平歌

76조 만공 월면(滿空 月面) 전법선사

 전법게

구름과 달, 산과 계곡이라, 곳곳에서 같음이여 　雲月溪山處處同
선가의 나의 제자 수산의 큰 가풍일세 　叟山禪子大家風
은근히 무문인을 그대에게 분부하니 　慇懃分付無文印
이 기틀의 방편이 활안 중에 있노라 　一段機權活眼中

* 제75조 경허 성우 전법선사 전함 / 제76조 만공 월면 전법선사 받음

77조 전강 영신(田岡 永信) 전법선사

전법게

불조도 전한 바 없어서 　佛祖未曾傳
나 또한 얻은 바 없음을… 　我亦無所得
가을빛 저물어 가는 날에 　此日秋色暮
뒷산의 원숭이가 울고 있네 　猿嘯在後峰

* 제76조 만공 월면 전법선사 전함 / 제77조 전강 영신 전법선사 받음

78대 농선 대원(弄禪 大圓) 전법선사

전법게

부처와 조사도 일찍이 전한 것이 아니거늘 　佛祖未曾傳
나 또한 어찌 받았다 하며 준다 할 것인가 　我亦何受授
이 법이 2천년대에 이르러서 　此法二千年
널리 천하 사람을 제도하리라 　廣度天下人

부송(付頌)

어상을 내리지 않고 이러-히 대한다 함이여 　不下御床對如是
뒷날 돌아이가 구멍 없는 피리를 불리니 　後日石兒吹無孔
이로부터 불법이 천하에 가득하리라 　自此佛法滿天下

* 제77조 전강 영신 전법선사 전함 / 제78대 농선 대원 전법선사 받음

이 오도송과 전법게는 농선 대원 선사님께서 법리에 맞도록 새롭게 번역한 것입니다.

불조정맥 제77조 대한불교 조계종 전강 대선사님께서는, 16세에 출가하여 23세 때 첫 깨달음을 얻고 25세에 인가를 받으셨다. 당대의 7대 선지식인 만공, 혜봉, 혜월, 한암, 금봉, 보월, 용성 선사님의 인가를 한 몸에 받으셨으며, 이 중 만공 선사님께 전법게를 받아 그 뒤를 이으셨다. 당대의 선지식들이 모두 극찬할 정도로 그 법이 뛰어나서 '지혜제일 정전강'이라 불렸다.

33세의 최연소의 나이로 통도사 조실을 하셨고, 법주사, 망월사, 동화사, 범어사, 천축사, 용주사, 정각사 등 유명선원 조실을 역임하시고 인천 용화사 법보선원의 조실로 일생을 마치셨다.

1975년 1월 13일, 용화사 법보선원의 천여 명 대중 앞에서 "어떤 것이 생사대사(生死大事)인고?" 자문한 후에 "악! 구구는 번성(飜成) 팔십일이니라."라고 법문한 뒤, 눈을 감고 좌탈입망하셨다.

다비를 하던 날, 화려한 불빛이 일고 정골에서 구슬 같은 사리가 무수히 나왔다. 열반하시기까지 한결같이 공안 법문으로 최상승법을 드날리셨으니 그 투철한 깨달음과 뛰어난 법, 널리 교화하기를 그치지 않으셨던 점에 있어서 한국 근대 선종의 거목이라 일컬어지고 있다.

불조정맥 제78대 농선 대원 전법선사님
- 전강대법회에서 법문 중 할을 하시는 모습

오로지 정법만을 깨닫기 서원합니다.

입을 열면 정법만을 설하기 서원합니다.

중생이 다하는 그날까지 교화하기 서원합니다.

- 농선 대원 전법선사의 3대 서원

불교 8대 선언문

불교는 자신에게서 영생을 발견하게 한 유일한 종교이다.
불교는 자신에게서 모든 지혜를 발견하게 한 유일한 종교이다.
불교는 자신에게서 모든 능력을 발견하게 한 유일한 종교이다.
불교는 자신에게서 모든 것을 이루게 한 유일한 종교이다.
불교는 자신에게서 극락을 발견하게 한 유일한 종교이다.
불교는 깨달으면 차별 없어 평등하다는 유일한 종교이다.
불교는 모든 억압 없이 자신감을 갖게 한 유일한 종교이다.
불교는 그러므로 온 누리에 영원할 만인의 종교이다.

- 농선 대원 전법선사 주창

전세계의 불교계에서 통일시켜야 할 일

경전의 말씀대로 32상과 80종호를 갖춘 불상으로 통일해야 한다.

예불 드리는 법을 통일해야 한다.

불공의식을 통일해야 한다.

- 농선 대원 전법선사 주창

2018년 이룬절 포천정맥선원 농선 대원 선사님의 법회

대방광불화엄경
大 方 廣 佛 華 嚴 經

제 44 권

십통품   십인품
十 通 品   十 忍 品

도서출판 문젠(구, 바로보인)은 정맥선원에서 운영하고 있습니다.

* 인제산(人濟山) 성불사(成佛寺) 국제정맥선원
  경기도 포천시 내촌면 소리개길 86-178 ☎ 031-531-8805 ☎ 010-6431-8805
* 인제산(人濟山) 이룬절 포천정맥선원
  경기도 포천시 내촌면 소리개길 86-123 ☎ 031-531-2433 ☎ 010-3880-8980
* 자모산(慈母山) 육조사(六祖寺) 청도정맥선원
  경북 청도군 매전면 동산리 산 50 ☎ 010-9800-6109
* 백양산(白楊山) 자모사(慈母寺) 부산정맥선원
  부산시 동래구 아시아드대로 114번길 10 대륙코리아나 2층 212호
  ☎ 051-503-6460 ☎ 010-2951-8667
* 광암산(光巖山) 성도사(成道寺) 광주정맥선원
  광주광역시 광산구 삼도광암길 34 ☎ 062-944-4088 ☎ 010-8670-1445
* 대통산(大通山) 대통사(大通寺) 해남정맥선원
  전남 해남군 화산면 송계길 132-98 중정마을 ☎ 061-536-6366 ☎ 010-8938-2438

바로보인 불법 ❸❽

화 엄 경 44권

초판 1쇄 펴낸날 단기 4352년, 불기 3046년, 서기 2019년 10월 10일

역   저 농선 대원 선사
펴 낸 곳 도서출판 문젠(Moonzen Press)
          11192,경기도 포천시 내촌면 소리개길 86-178
          전화 031-534-3373 팩스 031-533-3387
신 고 번 호 2010.11.24. 제2010-000004호

윤 문 교 정 증연 강영미
편집 전자책 제작 도향 하가연
표 지 그 림 현정(玄楨)
인   쇄 가람문화사

도서출판문젠 www.moonzenpress.com
정 맥 선 원 www.zenparadise.com
사막화방지국제연대(IUPD) www.iupd.org

값 15,000원
ISBN 978-89-6870-044-6 04220
ISBN 978-89-6870-000-2 (전81권)

華嚴十無頌 화엄십무송

- 농선 대원 선사

無相法性常顯前
상이 없는 법성은 언제나 드러나 있고

無性諸法如谷響
성품이 없는 모든 법은 골짜기에 메아리 같도다

無外作處是自在
밖이 없이 짓는 곳을 이 자재라 하는 것이니

無非華嚴大道場
화엄 대도량 아님이 없음이로다

無窮無盡光神通
궁구할 수 없고 다함 없는 광명의 신통에서

無不出生三千界
삼천대천세계가 나오지 않음이 없도다

無碍相卽大自在
걸림이 없이 서로 즉한 대자재여

無爲之法是日常
함이 없는 법이 일상이로다

無有定法隨狀況
정한 법 없어 상황을 따름이여

無上無爲妙菩提
위 없고 함이 없는 묘보리로다

바로보인 불법 ㉚

화엄경(華嚴經) 44권

농선 대원 선사 역저

二十八、 십통품(十通品)
二十九、 십인품(十忍品)

서 문

가없이 크고 넓어 광대함이여!
모양 없는 그 가운데 본래 갖춤
증득한 지혜인이라야 아네

남섬부주 일체의 나툼이여
본래의 갖춤에 비하자면
천만억분의 일도 안 된다네

이러-히 온통 온통함이여!
모두 갖춘 본연한 이 장엄을
'대방광불화엄'이라 하네

단기(檀紀) 4345년
불기(佛紀) 3039년

무등산인 농선 대원
(無等山人 弄禪 大圓)

∽ 81권 화엄경 권과 품

차 례

일러두기

1. 화엄경 본문을 지나치게 세밀하게 나누어 긴 주해를 싣지 않은 것
   은 그로 해서 원문의 흐름이 끊어지게 되지 않을까 하는 우려에서이
   다. 이런 까닭에 다만 수없이 장고(長考)하며 최대한 원문에 충실하
   게 번역하고 각권의 마지막이나 각품의 마지막에만 결문(結文)을 더
   하였다. 화엄경 본문이 이치적으로 더할 나위 없이 샅샅이 화엄의
   화장세계를 밝힌 것이라면 결문은 화엄경의 화장세계를 선(禪) 도
   리로 간략히 바로 끊어 보인 것이다. 이로써 경의 본뜻이 굴절 없이
   전달되어 화엄의 세계가 독자의 세계가 되기를 바란다.
2. 요즈음 화엄경을 접한 이들이 최고의 경전이라 불리는 화엄경 첫머
   리부터 '신(神)'이라는 호칭으로 기록된 분들이 많은 것을 보고 의
   아하게 생각하는 경우가 있다. 화엄경의 첫머리인 세주묘엄품을 보
   면 이 '신(神)'이라는 호칭으로 기록된 분들이 불보살님의 화현이거
   나 보살마하살의 경지에서 행하는 분들임을 알 수 있다. 이런 까닭
   에 이 책에서는 '신(神)'을 '천제(天帝)'로 번역하였다. 예를 들면, '집
   금강신'은 '집금강천제'로 의역하였다. 천제는 그 세계를 다스리고
   교화하는 분, 곧 깨달아, 삼매와 지혜와 덕과 신통과 방편과 변재를
   갖추어서 다스리고 교화하는 분을 말한다.
3. 미주는 *로 표시하였다.
4. 화엄경 본문에서 장문 뒤의 게송은 앞에 설한 내용의 뜻을 거듭 간
   략히 설한 것으로, 앞의 내용을 찾아 참고하여 읽으면 그 흐름을 더
   잘 이해할 수 있다. 예를 들면, 화엄경 37권 69쪽의 두 번째 연은
   43쪽의 열 가지 역순으로 모든 연기를 관하는 까닭을 축약해 놓은
   것임을 알 수 있다.

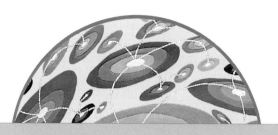

二十八 십통품

爾時 普賢菩薩摩訶薩 告諸菩薩言 佛子 菩薩摩訶薩
有十種通 何者 爲十 佛子 菩薩摩訶薩 以他心智通 知
一三千大千世界衆生心差別 所謂善心 不善心 廣心 狹心
大心 小心 順生死心 背生死心 聲聞心 獨覺心 菩薩心 聲
聞行心 獨覺行心 菩薩行心 天心 龍心 夜叉心 乾闥婆心
阿修羅心 迦樓羅心 緊那羅心 摩睺羅伽心 人心 非人心
地獄心 畜生心 閻魔王處心 餓鬼心 諸難處衆生心 如是
等無量差別種種衆生心 悉分別知

1) 다른 이의 마음을 잘 아는 지혜의 신통
[善知他心智神通]

이때 보현보살마하살이 모든 보살에게 말하였다.

"불자들이여, 보살마하살에게 열 가지 신통이 있으니, 어떤 것을 열 가지라 합니까?

불자들이여, 보살마하살이 다른 이의 마음을 아는 지혜의 신통으로 한 삼천대천세계 중생들의 마음의 차별을 아니, 착한 마음과 착하지 않은 마음, 넓은 마음과 좁은 마음, 큰 마음과 작은 마음, 생사를 따르는 마음과 생사를 등지는 마음, 성문의 마음과 독각의 마음과 보살의 마음, 성문행의 마음과 독각행의 마음과 보살행의 마음, 천상의 마음과 용의 마음과 야차의 마음과 건달바의 마음과 아수라의 마음과 가루라의 마음과 긴나라의 마음과 마후라가의 마음과 사람의 마음과 사람이 아닌 것의 마음과 지옥의 마음과 축생의 마음과 염라왕이 있는 곳의 마음과 아귀의 마음과 모든 어려운 곳의 중생의 마음, 이와 같은 등의 한량없이 차별된 갖가지 중생들의 마음을 모두 분별하여 압니다.

如一世界 如是百世界 千世界 百千世界 百千億那由他世
界 乃至不可說不可說佛剎微塵數世界中 所有衆生心 悉分
別知 是名菩薩摩訶薩 第一善知他心智神通

한 세계와 같이 이와 같은 백 세계와 천 세계와 백천 세계와 백천억 나유타 수의 세계와 더 나아가서 불가설 불가설 수의 부처님세계 가는 티끌 수 만큼의 세계 가운데 있는 중생들의 마음을 다 분별하여 압니다.

　이것을 보살마하살의 첫째 다른 이의 마음을 잘 아는 지혜의 신통이라 이름합니다."

佛子 菩薩摩訶薩 以無礙淸淨天眼智通 見無量不可說不
可說佛刹微塵數世界中衆生 死此生彼 善趣惡趣 福相罪
相 或好或醜 或垢或淨 如是品類 無量衆生 所謂天衆 龍
衆 夜叉衆 乾闥婆衆 阿修羅衆 迦樓羅衆 緊那羅衆 摩睺
羅伽衆 人衆 非人衆 微細身衆生衆 廣大身衆生衆 小衆
大衆 如是種種衆生衆中 以無礙眼 悉皆明見

2) 걸림 없는 천상 눈의 지혜의 신통
   [無礙天眼智神通]

"불자들이여, 보살마하살이 걸림 없이 청정한 천상 눈의 지혜의 신통으로 한량없는 불가설불가설 수의 부처님세계 가는 티끌 수 만큼의 세계 가운데 중생들이 여기서 죽어 저기에 나는 것, 선한 취(趣)와 악한 취, 복의 상(相)과 죄의 상, 혹은 아름다운 것과 혹은 추한 것, 혹은 더러운 것과 혹은 깨끗한 것을 봅니다.

이와 같은 종류의 한량없는 중생인 천상의 대중과 용의 대중과 야차의 대중과 건달바의 대중과 아수라의 대중과 가루라의 대중과 긴나라의 대중과 마후라가의 대중과 사람의 대중과 사람이 아닌 것의 대중, 미세한 몸의 중생 대중과 광대한 몸의 중생 대중, 작은 대중과 큰 대중, 이와 같은 갖가지 중생의 대중 가운데 걸림 없는 눈으로 모두 다 밝게 보니,

隨所積集業 隨所受苦樂 隨心 隨分別 隨見 隨言說 隨因
隨業 隨所緣 隨所起 悉皆見之 無有錯謬 是名菩薩摩訶
薩 第二無礙天眼智神通

쌓은 업을 따르고, 받는 괴로움과 즐거움을 따르며, 마음을 따르고, 분별을 따르며, 견해를 따르고, 말을 따르며, 원인을 따르고, 업을 따르며, 반연한 바를 따르고, 일어나는 바를 따라서 착오 없이 모두 다 봅니다.

이것을 보살마하살의 둘째 걸림 없는 천상 눈의 지혜의 신통이라 이름합니다."

佛子 菩薩摩訶薩 以宿住隨念智通 能知自身 及不可說不
可說佛刹微塵數世界中一切衆生 過去不可說不可說佛刹
微塵數劫宿住之事 所謂某處生 如是名 如是姓 如是種族
如是飮食 如是苦樂 從無始來 於諸有中 以因以緣 展轉
滋長 次第相續 輪迴不絶 種種品類 種種國土 種種趣生
種種形相 種種業行 種種結使 種種心念 種種因緣 受生
差別 如是等事 皆悉了知

3) 과거제의 겁에 지난 세상을 살았던 것을 아는 지혜의 신통
[知過去際劫宿住智神通]

"불자들이여, 보살마하살이 지난 세상을 살았던 것을 다 기억하는 지혜의 신통으로 자신과 불가설불가설 수의 부처님세계 가는 티끌 수 만큼의 세계 가운데 일체 중생이 과거 불가설불가설 수의 부처님세계 가는 티끌 수 만큼의 겁 동안 살았던 지난 세상의 일인 어떤 곳에 태어남과 이러한 이름과 이러한 성씨와 이러한 종족과 이러한 음식과 이러한 괴로움과 즐거움을 압니다.

비롯함이 없는 과거로부터 모든 유루의 세계 가운데 인과 연이 되풀이 되어 자라고 차례로 이어져 윤회하여 끊어지지 않는 갖가지 종류와 갖가지 국토와 갖가지 중생과 갖가지 형상과 갖가지 업행과 갖가지 번뇌와 갖가지 마음의 생각과 갖가지 인연으로 태어나는 차별과 이와 같은 등의 일들을 모두 분명하게 압니다.

又憶過去爾所佛刹微塵數劫　爾所佛刹微塵數世界中　有爾所佛刹微塵數諸佛　一一佛　如是名號　如是出興　如是衆會　如是父母　如是侍者　如是聲聞　如是最勝二大弟子　於如是城邑　如是出家　復於如是菩提樹下　成最正覺　於如是處坐如是座　演說如是若干經典　如是利益爾所衆生　於爾所時　住於壽命　施作如是若干佛事　依無餘依般涅槃界　而般涅槃　般涅槃後法住久近　如是一切　悉能憶念

또 과거의 저러한 부처님세계 가는 티끌 수 만큼의 겁
동안 저러한 부처님세계 가는 티끌 수 만큼의 세계 가운
데에 저러한 부처님세계 가는 티끌 수 만큼의 모든 부처
님이 계심을 기억하니, 한 분 한 분 부처님의 이러한 명
호와 이러한 출현과 이러한 대중 모임과 이러한 부모와
이러한 시자와 이러한 성문과 이러한 가장 뛰어난 두 큰
제자와 이러한 성읍과 이러한 출가와 다시 이러한 보리
수 아래에서 최정각을 이룸과 이러한 곳에서 이러한 자
리에 앉아 이러한 약간의 경전을 널리 펴 설하여 이와
같이 저러한 중생을 이익 되게 함과 저러한 시간의 수명
에 머물러 이와 같이 약간의 불사를 베풀어 지음과 남음
이 없는 반열반의 경계를 의지하여 반열반 함과 반열반
후에 법에 머물러 오랫동안 가까이함과 이와 같은 일체
를 모두 마음 깊이 지녀 잊지 않습니다.

又憶念不可說不可說佛刹微塵數諸佛名號 一一名號 有不
可說不可說佛刹微塵數佛 從初發心 起願修行 供養諸佛
調伏衆生 衆會說法 壽命多少 神通變化 乃至入於無餘涅
槃 般涅槃後法住久近 造立塔廟 種種莊嚴 令諸衆生 種
植善根 皆悉能知 是名菩薩摩訶薩 第三知過去際劫宿住
智神通

또 불가설불가설 수의 부처님세계 가는 티끌 수 만큼
의 모든 부처님 명호와 낱낱의 명호마다 불가설불가설
수의 부처님세계 가는 티끌 수 만큼의 부처님이 계심을
마음 깊이 지녀 잊지 않으니, 처음 발한 마음으로부터
원을 일으켜 닦고 행하여 모든 부처님께 공양 올림과 중
생을 조복시킴과 대중 모임에서 법을 설함과 수명의 길
고 짧음과 신통변화와 더 나아가서 남음이 없는 열반에
들어감과 반열반 후에 법에 머물러 오랫동안 가까이함
과 탑묘를 세워 갖가지로 장엄하여 모든 중생으로 하여
금 선근을 심게 함을 모두 다 압니다.

이것을 보살마하살의 셋째 과거제의 겁에 지난 세상을
살았던 것을 아는 지혜의 신통이라 이름합니다."

佛子 菩薩摩訶薩 以知盡未來際劫智通 知不可說不可說
佛刹微塵數世界中所有劫 一一劫中所有衆生 命終受生
諸有相續 業行果報 若善 若不善 若出離 若不出離 若決
定 若不決定 若邪定 若正定 若善根與使俱 若善根不與
使俱 若具足善根 若不具足善根 若攝取善根 若不攝取善
根 若積集善根 若不積集善根 若積集罪法 若不積集罪
法 如是一切 皆能了知

4) 미래제가 다한 겁을 아는 지혜의 신통
[知盡未來際劫智神通]

"불자들이여, 보살마하살이 미래제가 다한 겁을 아는 지혜의 신통으로 불가설불가설 수의 부처님세계 가는 티끌 수 만큼의 세계 가운데 모든 겁과 낱낱의 겁 가운데 모든 중생이 목숨을 마치고 태어남에 모든 유루의 세계가 계속되는 업행의 과보를 알되, 착한 것과 착하지 않은 것, 세간을 벗어난 것과 벗어나지 않은 것, 결정한 것과 결정하지 않은 것, 사정(邪定)과 정정(正定), 선근과 함께 한 것과 선근과 함께 하지 않은 것, 선근을 구족한 것과 선근을 구족하지 않은 것, 선근을 거두어 들인 것과 선근을 거두어 들이지 않은 것, 선근을 모은 것과 선근을 모으지 않은 것, 죄의 법을 모은 것과 죄의 법을 모으지 않은 것, 이와 같은 일체를 모두 분명하게 압니다.

又知不可說不可說佛刹微塵數世界 盡未來際 有不可說不
可說佛刹微塵數劫 一一劫 有不可說不可說佛刹微塵數諸
佛名號 一一名號 有不可說不可說佛刹微塵數諸佛如來
一一如來 從初發心 起願立行 供養諸佛 敎化衆生 衆會
說法 壽命多少 神通變化 乃至入於無餘涅槃 般涅槃後法
住久近 造立塔廟 種種莊嚴 令諸衆生 種植善根 如是等
事 悉能了知 是名菩薩摩訶薩 第四知盡未來際劫智神通

또 불가설불가설 수의 부처님세계 가는 티끌 수 만큼의 세계에 미래제가 다하도록 불가설불가설 수의 부처님세계 가는 티끌 수 만큼의 겁이 있고, 낱낱의 겁마다 불가설불가설 수의 부처님세계 가는 티끌 수 만큼의 모든 부처님 명호가 있으며, 낱낱의 명호마다 불가설불가설 수의 부처님세계 가는 티끌 수 만큼의 모든 부처님 여래께서 계시고, 한 분 한 분의 여래께서 처음 발한 마음으로부터 원을 일으키고 행을 나타냄을 알되, 모든 부처님께 공양 올림과 중생을 교화함과 대중 모임에서 법을 설함과 수명이 길고 짧음과 신통변화와 더 나아가서 남음이 없는 열반에 들어감과 반열반 후에 법에 머물러 오랫동안 가까이함과 탑묘를 세워 갖가지로 장엄하여 모든 중생으로 하여금 선근을 심게 함과 이와 같은 등의 일을 모두 분명하게 압니다.

이것을 보살마하살의 넷째 미래제가 다한 겁을 아는 지혜의 신통이라 이름합니다."

佛子 菩薩摩訶薩 成就無礙淸淨天耳 圓滿廣大 聰徹離障
了達無礙 具足成就 於諸一切所有音聲 欲聞不聞 隨意自
在 佛子 東方 有不可說不可說佛刹微塵數佛 是諸佛 所說
所示 所開所演 所安立 所敎化 所調伏 所憶念 所分別 甚
深廣大 種種差別 無量方便 無量善巧 淸淨之法 於彼一
切 皆能受持 又於其中 若義若文 若一人 若衆會 如其音
辭 如其智慧 如所了達 如所示現 如所調伏

5) 걸림 없이 청정한 천상 귀의 지혜의 신통
[無礙淸淨天耳智神通]

"불자들이여, 보살마하살이 걸림 없이 청정한 천상 귀를 성취하니, 원만하고 광대하여 밝게 꿰뚫어 장애를 여의고, 걸림 없음을 밝게 통달하며, 성취하여 구족하여서 일체 모든 음성을 듣고자 하거나 듣지 않고자 하거나 뜻을 따라 자재합니다.

불자들이여, 동방에 불가설불가설 수의 부처님세계 가는 티끌 수 만큼의 부처님께서 계시니, 이 모든 부처님께서 설하신 바와 보이신 바와 여신 바와 널리 펴신 바와 안립하신 바와 교화하신 바와 조복시키신 바와 마음 깊이 지녀 잊지 않으신 바와 분별하신 바의 매우 깊고 광대하여 갖가지로 차별된 한량없는 방편과 한량없이 공교롭고 청정한 법을 일체 다 받아 지닙니다.

또 그 가운데 뜻이나 글을 한 사람이든 대중 모임이든 그 음성과 같이 하고, 그 지혜와 같이 하며, 밝게 통달한 바와 같이 하고, 나타내 보인 바와 같이 하며, 조복시킨 바와 같이 하고,

如其境界 如其所依 如其出道 於彼一切 悉能記持 不忘
不失 不斷不退 無迷無惑 爲他演說 令得悟解 終不忘失
一文一句 如東方 南西北方 四維上下 亦復如是 是名菩薩
摩訶薩 第五無礙淸淨天耳智神通

그 경계와 같이 하며, 그 의지하는 바와 같이 하고, 벗어나는 도와 같이 하며, 저 일체를 다 기억하여 지녀서 잊지 않고 잃어 버리지 않으며, 끊지 않고 물러나지 않으며, 미혹함이 없어서 다른 이를 위해 널리 펴 설하여 깨달아 앎을 얻게 하되, 끝내 한 글자와 한 글귀도 잊지 않게 합니다.

동방에서와 같이 남방과 서방과 북방과 네 간방과 상방과 하방에서도 또한 다시 이와 같으니, 이것을 보살마하살의 다섯째 걸림 없이 청정한 천상 귀의 지혜의 신통이라 이름합니다."

佛子 菩薩摩訶薩 住無體性神通 無作神通 平等神通 廣
大神通 無量神通 無依神通 隨念神通 起神通 不起神通
不退神通 不斷神通 不壞神通 增長神通 隨詣神通 此菩
薩 聞極遠一切世界中諸佛名 所謂無數世界 無量世界 乃
至不可說不可說佛刹微塵數世界中諸佛名 聞其名已 卽自見
身 在彼佛所 彼諸世界 或仰或覆 各各形狀 各各方所 各
各差別 無邊無礙 種種國土 種種時劫 無量功德 各別莊
嚴

6) 성품의 몸이라 할 것도 없고 움직여 지음이 없는 데
   에 머물러 일체 부처님세계에 가는 지혜의 신통
   [住無體性無動作往一切佛刹智神通]

"불자들이여, 보살마하살이 성품의 몸이라 할 것도 없는
신통과 지음이 없는 신통과 평등한 신통과 광대한 신통과
한량없는 신통과 의지함이 없는 신통과 생각을 따르는 신
통과 일으키는 신통과 일으키지 않는 신통과 물러나지 않
는 신통과 끊어짐이 없는 신통과 무너짐이 없는 신통과 더
욱 더하는 신통과 즉시 이르르는 신통에 머무릅니다.

이 보살이 극히 먼 일체 세계 가운데 모든 부처님의 명
호를 들으니, 셀 수 없는 세계와 한량없는 세계와 더 나아
가서 불가설불가설 수의 부처님세계 가는 티끌 수 만큼의
세계 가운데 모든 부처님의 명호이고, 그 명호를 듣고 나
서는 곧 자신의 몸이 그 부처님 처소에 있음을 봅니다.

그 모든 세계가 혹은 우러르고 혹은 엎어진 각각의 형상
과 각각의 방소와 각각의 차별이 끝이 없고 걸림이 없으
며, 갖가지 국토와 갖가지 시간과 겁 동안 한량없는 공덕
으로 각각 다르게 장엄합니다.

彼彼如來 於中出現 示現神變 稱揚名號 無量無數 各各
不同 此菩薩 一得聞彼諸如來名 不動本處 而見其身 在彼
佛所 禮拜尊重 承事供養 問菩薩法 入佛智慧 悉能了達諸
佛國土 道場衆會 及所說法 至於究竟無所取着 如是經不
可說不可說佛刹微塵數劫 普至十方 而無所往 然 詣刹觀
佛 聽法請道 無有斷絶 無有廢捨

모든 여래께서 그 가운데 출현하여 신통변화를 나타
내 보이는 것과 명호를 일컬어 드날리는 것이 한량없고
셀 수 없이 각각 같지 않습니다.

　이 보살이 그 모든 여래의 이름을 한번 들으면 본래의
처소에서 움직이지 않는 채로 그 몸이 그 부처님의 처소
에 있음을 보이니, 절하여 예하고 존중하여 받들어 모
시며 공양 올리고, 보살의 법을 물어 부처님의 지혜에
들어가며, 모든 불국토의 도량의 대중 모임과 설하시는
법을 모두 밝게 통달하여 구경에 이르르되 취하거나 집
착하는 바가 없습니다.

　이와 같이 불가설불가설 수의 부처님세계 가는 티
끌 수 만큼의 겁을 지나서 시방에 두루 이르러도 간 바
가 없으나 세계에 나아가서 부처님을 친견하여 법을 듣
고, 도를 청함에 끊어짐이 없으며, 폐하여 버림이 없고,

無有休息 無有疲厭 修菩薩行 成就大願 悉令具足 曾無
退轉 爲令如來廣大種性 不斷絶故 是名菩薩摩訶薩 第六
住無體性無動作往一切佛刹智神通

휴식함이 없으며, 피로해 하거나 싫어함이 없어서 보살
의 행을 닦아 대원을 성취하여 모두로 하여금 구족하게
하되 일찍이 퇴전한 적이 없으니, 여래의 광대한 종자
성품을 끊어지지 않게 하기 위한 까닭입니다.

　이것을 보살마하살의 여섯째 성품의 몸이라 할 것도
없고 움직여 지음이 없는 데에 머물러 일체 부처님세계
에 가는 지혜의 신통이라 이름합니다.”

佛子 菩薩摩訶薩 以善分別一切衆生言音智通 知不可說不
可說佛刹微塵數世界中衆生 種種言辭 所謂聖言辭 非聖
言辭 天言辭 龍言辭 夜叉言辭 乾闥婆 阿修羅 迦樓羅 緊
那羅 摩睺羅伽 人及非人 乃至不可說不可說衆生 所有言
辭 各各表示 種種差別 如是一切 皆能了知 此菩薩 隨所
入世界 能知其中一切衆生 所有性欲 如其性欲 爲出言辭
悉令解了 無有疑惑 如日光出現 普照衆色 令有目者 悉得
明見

7) 일체의 말을 잘 분별하는 지혜의 신통
　　[善分別一切言辭智神通]

"불자들이여, 보살마하살이 일체 중생의 말을 잘 분별하는 지혜의 신통으로 불가설불가설 수의 부처님세계 가는 티끌 수 만큼의 세계 가운데 중생의 갖가지 말을 아니, 성인의 말과 성인 아닌 이의 말, 천상의 말과 용의 말과 야차의 말, 건달바, 아수라, 가루라, 긴나라, 마후라가와 사람과 사람 아닌 것과 더 나아가서 불가설불가설 수의 중생이 제각기 나타내 보이는 갖가지 차별된 말과 이와 같은 일체를 모두 분명하게 압니다.

이 보살이 들어간 세계를 따라 그 가운데 일체 중생의 모든 성품과 욕망을 알고, 그 성품과 욕망과 같이 말을 내어 모두로 하여금 밝게 알아 의혹이 없게 합니다.

마치 햇빛이 나서 여러 빛을 두루 비추면 눈이 있는 이는 모두 밝게 보게 되는 것과 같습니다.

菩薩摩訶薩 亦復如是 以善分別一切言辭智 深入一切言
辭雲 所有言辭 令諸世間聰慧之者 悉得解了 是名菩薩摩
訶薩 第七善分別一切言辭智神通

보살마하살도 또한 다시 이와 같아서 일체의 말을 잘 분별하는 지혜로써 일체 말의 구름에 깊이 들어가 모든 세간의 총명하고 지혜로운 이로 하여금 모든 말을 다 밝게 알게 합니다.

　이것을 보살마하살의 일곱째 일체의 말을 잘 분별하는 지혜의 신통이라 이름합니다.”

佛子 菩薩摩訶薩 以出生無量阿僧祇色身莊嚴智通 知一
切法 遠離色相 無差別相 無種種相 無無量相 無分別相
無青黃赤白相 菩薩 如是入於法界 能現其身 作種種色
所謂無邊色 無量色 清淨色 莊嚴色 普徧色 無比色 普照
色 增上色 無違逆色 具諸相色 離衆惡色 大威力色 可尊
重色 無窮盡色 衆雜妙色 極端嚴色 不可量色 善守護色
能成熟色 隨化者色 無障礙色 甚明徹色 無垢濁色 極澄
淨色 大勇健色 不思議方便色

8) 셀 수 없는 색신의 지혜의 신통[無數色身智神通]

"불자들이여, 보살마하살이 한량없는 아승기 수의 색신의 장엄을 내는 지혜의 신통으로 일체 법의 색상을 멀리 여의니, 차별한 상이 없고, 갖가지 상이 없으며, 한량없는 상이 없고, 분별하는 상이 없으며, 청황적백의 상이 없음을 압니다.

보살이 이와 같이 법계에 들어가서 그 몸을 나타내어 갖가지 색을 지으니, 끝없는 색과 한량없는 색과 청정한 색과 장엄한 색과 널리 두루한 색과 견줄 수 없는 색과 널리 비추는 색과 더하는 색과 어기고 거스름이 없는 색과 모든 상을 갖춘 색과 온갖 악함을 여읜 색과 큰 위력의 색과 존중할 만한 색과 다함이 없는 색과 여러 가지가 섞인 묘한 색과 극히 단정하고 엄숙한 색과 헤아릴 수 없는 색과 잘 지키고 보호하는 색과 성숙한 색과 교화를 따르는 색과 장애가 없는 색과 매우 투명하게 밝은 색과 더러움이 없는 색과 극히 맑고 깨끗한 색과 크게 용감하고 튼튼한 색과 부사의한 방편의 색과

不可壞色 離瑕翳色 無障闇色 善安住色 妙莊嚴色 諸相端
嚴色 種種隨好色 大尊貴色 妙境界色 善磨瑩色 清淨深
心色 熾然明盛色 最勝廣大色 無間斷色 無所依色 無等
比色 充滿不可說佛刹色 增長色 堅固攝受色 最勝功德色
隨諸心樂色 清淨解了色 積集衆妙色 善巧決定色 無有障
礙色 虛空明淨色 清淨可樂色 離諸塵垢色 不可稱量色 妙
見色 普見色 隨時示現色 寂靜色 離貪色 眞實福田色 能
作安隱色 離諸怖畏色

무너뜨릴 수 없는 색과 허물과 가림을 여읜 색과 막힘과 어둠이 없는 색과 잘 편안히 머무르는 색과 묘하게 장엄한 색과 모든 상이 단정하고 엄숙한 색과 갖가지 잘생긴 색과 크게 존귀한 색과 묘한 경계의 색과 잘 갈고 닦아 투명한 색과 청정하고 깊은 마음의 색과 활활 타오르듯이 밝고 성한 색과 가장 뛰어나고 광대한 색과 끊어짐이 없는 색과 의지함이 없는 색과 비할 데 없는 색과 불가설 수의 부처님세계에 충만한 색과 더욱 더하는 색과 견고하게 거두어 주는 색과 가장 수승한 공덕의 색과 모든 마음의 즐거움을 따르는 색과 청정하고 밝게 아는 색과 온갖 묘함이 모인 색과 공교롭게 결정하는 색과 장애가 없는 색과 허공처럼 밝고 깨끗한 색과 청정하고 즐길만한 색과 모든 티끌과 때를 여읜 색과 측량할 수 없는 색과 묘함을 보이는 색과 널리 보이는 색과 때를 따라 나타내 보이는 색과 적정한 색과 탐욕을 여읜 색과 참답고 실다운 복밭의 색과 편안함을 짓는 색과 모든 두려움을 여읜 색과

離愚癡行色 智慧勇猛色 身相無礙色 遊行普徧色 心無所
依色 大慈所起色 大悲所現色 平等出離色 具足福德色
隨心憶念色 無邊妙寶色 寶藏光明色 衆生信樂色 一切智
現前色 歡喜眼色 衆寶莊嚴第一色 無有處所色 自在示現
色 種種神通色 生如來家色 過諸譬喻色 周徧法界色 衆
皆往詣色 種種色 成就色 出離色 隨所化者威儀色 見無
厭足色 種種明淨色 能放無數光網色 不可說光明種種差
別色 不可思香光明超過三界色 不可量日輪光明照耀色

어리석은 행을 여읜 색과 용맹한 지혜의 색과 신상이 걸림이 없는 색과 두루 돌아다니는 색과 마음이 의지한 바 없는 색과 대자(大慈)로 일으킨 색과 대비로 나타낸 색과 평등하게 벗어난 색과 복덕을 구족한 색과 기억하여 잊지 않는 마음을 따르는 색과 끝없이 묘한 보배의 색과 보배장의 광명의 색과 중생이 믿고 즐거워하는 색과 일체 지혜가 목전에 나타나는 색과 환희로운 눈의 색과 온갖 보배로 장엄한 제일가는 색과 처소가 없는 색과 자재하게 나타내 보이는 색과 갖가지 신통의 색과 여래의 가문에 태어나는 색과 모든 비유를 뛰어넘는 색과 법계에 두루한 색과 여럿이 모두 나아가는 색과 갖가지 색과 성취하는 색과 벗어나는 색과 교화할 이를 따르는 위의의 색과 싫증냄 없이 보는 색과 갖가지로 밝고 깨끗한 색과 무수 수의 광명의 그물을 놓는 색과 불가설 수의 광명의 갖가지 차별된 색과 불가사 수의 향의 광명이 삼계를 뛰어넘는 색과 불가량 수의 태양의 광명이 밝게 비추는 색과

示現無比月身色 無量可愛樂華雲色 出生種種蓮華鬘雲莊
嚴色 超過一切世間香焰普熏色 出生一切如來藏色 不可
說音聲 開示演暢一切法色 具足一切普賢行色 佛子 菩薩
摩訶薩 深入如是無色法界 能現此等種種色身 令所化者
見 令所化者念 爲所化者 轉法輪 隨所化者時 隨所化者
相 令所化者 親近 令所化者 開悟 爲所化者 起種種神通
爲所化者 現種種自在 爲所化者 施種種能事

견줄 수 없는 달의 몸을 나타내 보이는 색과 무량 수의 사랑스럽고 즐거운 꽃구름의 색과 갖가지 연꽃 화만 구름을 내어 장엄하는 색과 일체 세간을 뛰어 넘는 향 불꽃이 널리 퍼지는 색과 일체 여래의 보배장을 내는 색과 불가설 수의 음성으로 일체 법을 널리 펴 설하여 열어 보이는 색과 일체 보현의 행을 구족하는 색입니다.

불자들이여, 보살마하살이 이와 같은 색이 없는 법계에 깊이 들어가 이와 같은 등의 갖가지 색신을 나타내니, 교화 받는 이로 하여금 보게 하고, 교화 받는 이로 하여금 생각하게 하며, 교화 받는 이를 위하여 법륜을 굴리고, 교화 받는 이의 때〔時〕를 따르며, 교화 받는 이의 상을 따르고, 교화 받는 이로 하여금 친근하게 하며, 교화 받는 이로 하여금 깨닫게 하고, 교화 받는 이를 위하여 갖가지 신통을 일으키며, 교화 받는 이를 위하여 갖가지 자재함을 나타내고, 교화 받는 이를 위하여 갖가지 일을 베풉니다.

是名菩薩摩訶薩 爲度一切衆生故 勤修成就第八無數色身
智神通

이것을 보살마하살이 일체 중생을 제도하기 위한 까닭
으로 부지런히 닦아 성취하는 여덟째 셀 수 없는 색신의
지혜의 신통이라 이름합니다."

佛子 菩薩摩訶薩 以一切法智通 知一切法 無有名字 無
有種性 無來無去 非異非不異 非種種非不種種 非二非不
二 無我無比 不生不滅 不動不壞 無實無虛 一相無相 非
無非有 非法非非法 不隨於俗非不隨俗 非業非非業 非報
非非報 非有爲非無爲 非第一義非不第一義 非道非非道
非出離非不出離

9) 일체 법의 지혜의 신통[一切法智神通]

"불자들이여, 보살마하살이 일체 법의 지혜의 신통으로써 일체 법이 이름도 없고 종자 성품도 없으며, 오는 것도 없고 가는 것도 없으며, 다른 것도 아니고 다르지 않은 것도 아니며, 여러 가지도 아니고 여러 가지가 아닌 것도 아니며, 두 가지도 아니고 두 가지가 아닌 것도 아니며, 나라 할 것도 없고 견줄 것도 없으며, 나지도 않고 멸하지도 않으며, 움직이지도 않고 무너지지도 않으며, 실다움도 없고 헛됨도 없으며, 온통인 상이라 상이 없으며, 없는 것도 아니고 있는 것도 아니며, 법도 아니고 법 아닌 것도 아니며, 세속을 따르지도 않고 세속을 따르지 않는 것도 아니며, 업도 아니고 업 아닌 것도 아니며, 과보도 아니고 과보 아닌 것도 아니며, 유위도 아니고 무위도 아니며, 제일가는 뜻도 아니고 제일가는 뜻이 아닌 것도 아니며, 도도 아니고 도 아닌 것도 아니며, 벗어나는 것도 아니고 벗어나지 않는 것도 아니며,

非量非無量 非世間非出世間 非從因生非不從因生 非決定
非不決定 非成就非不成就 非出非不出 非分別非不分別
非如理非不如理 此菩薩 不取世俗諦 不住第一義 不分別
諸法 不建立文字 隨順寂滅性 不捨一切願 見義知法 興
布法雲 降霔法雨

헤아리는 것도 아니고 헤아리지 않는 것도 아니며, 세간
도 아니고 출세간도 아니며, 인을 좇아 나는 것도 아니
고 인을 좇아 나지 않는 것도 아니며, 결정하는 것도 아
니고 결정하지 않는 것도 아니며, 성취하는 것도 아니고
성취하지 않는 것도 아니며, 나오는 것도 아니고 나오지
않는 것도 아니며, 분별하는 것도 아니고 분별하지 않는
것도 아니며, 여여한 이치도 아니고 여여한 이치가 아닌
것도 아님을 압니다.

이 보살이 세속의 진리를 취하지도 않고, 제일가는 뜻
에 머무르지도 않으며, 모든 법을 분별하지도 않고, 문
자를 건립하지도 않으며, 적멸한 성품을 수순하되 일체
서원을 버리지 않고 뜻을 보아 법을 알며 법의 구름을
일으켜 법의 비를 내립니다.

雖知實相 不可言說 而以方便無盡辯才 隨法隨義 次第開
演 以於諸法言辭辯說 皆得善巧 大慈大悲 悉已清淨 能
於一切離文字法中 出生文字 與法與義 隨順無違 爲說諸
法 悉從緣起 雖有言說 而無所着 演一切法 辯才無盡 分
別安立 開發示導 令諸法性 具足明顯 斷衆疑網 悉得清
淨 雖攝衆生 不捨眞實 於不二法 而無退轉 常能演說無
礙法門 以衆妙音 隨衆生心 普雨法雨 而不失時 是名菩薩
摩訶薩 第九一切法智神通

비록 실다운 상은 말로 설할 수 없음을 알지만 방편과 다함 없는 변재로 법을 따르고 뜻을 따라 차례로 열어 널리 펴며 모든 법을 말로 분별하여 설함에 모두 공교로움을 얻고, 대자와 대비가 모두 이미 청정하여 일체 문자를 여읜 법 가운데 문자를 내어 법과 뜻에 어김 없이 수순하여 모든 법을 설함에 연기를 따르니 비록 말로 설함이 있으나 집착하는 바가 없습니다.

일체의 법을 널리 펴는 변재가 다함이 없고, 분별하여 안립하고 열어 보여서 인도하며, 모든 법성으로 하여금 밝게 나타냄을 구족하여 여러 의심의 그물을 끊어 모두 청정함을 얻게 합니다.

비록 중생을 거두나 참답고 실다움을 버리지 않고, 두 가지가 없는 법에서 퇴전함이 없어 항상 걸림 없는 법문을 널리 펴설하며, 여러 묘한 음성으로 중생의 마음을 따라 널리 법의 비를 내리되 때를 놓치지 않습니다.

이것을 보살마하살의 아홉째 일체 법의 지혜의 신통이라 이름합니다."

佛子 菩薩摩訶薩 以一切法滅盡三昧智通 於念念中 入一切法滅盡三昧 亦不退菩薩道 不捨菩薩事 不捨大慈大悲心 修習波羅蜜 未嘗休息 觀察一切佛國土 無有厭倦 不捨度衆生願 不斷轉法輪事 不廢敎化衆生業 不捨供養諸佛行 不捨一切法自在門 不捨常見一切佛 不捨常聞一切法 知一切法 平等無礙 自在成就一切佛法 所有勝願 皆得圓滿

10) 일체 법이 멸하여 다하는 삼매에 들어가는 지혜의 신통 [入一切法滅盡三昧智神通]

"불자들이여, 보살마하살이 일체 법이 멸하여 다하는 삼매의 지혜의 신통으로 생각마다 일체 법이 멸하여 다하는 삼매에 들어가지만 또한 보살의 도에서 물러나지 않고, 보살의 일을 버리지 않으며, 대자대비의 마음을 버리지 않고, 바라밀을 닦아 익히되 일찍이 쉬지 않으며, 일체 불국토를 관찰하되 싫어함과 게으름이 없고, 중생을 제도하는 서원을 버리지 않으며, 법륜을 굴리는 일을 끊지 않고, 중생을 교화하는 업을 그치지 않으며, 모든 부처님께 공양 올리는 행을 버리지 않고, 일체 법에 자재하는 문을 버리지 않으며, 일체 부처님을 항상 친견하기를 버리지 않고, 일체 법을 항상 듣기를 버리지 않으며, 일체 법이 평등하여 걸림 없음을 알고, 일체 불법을 성취하여 자재하며, 모든 수승한 원을 다 원만히 하고,

了知一切國土差別 入佛種性 到於彼岸 能於彼彼諸世界
中 學一切法 了法無相 知一切法 皆從緣起 無有體性 然
隨世俗 方便演說 雖於諸法 心無所住 然順衆生 諸根欲
樂 方便爲說種種諸法 此菩薩 住三昧時 隨其心樂 或住
一劫 或住百劫 或住千劫 或住億劫 或住百億劫 或住千億
劫 或住百千億劫 或住那由他億劫 或住百那由他億劫 或
住千那由他億劫 或住百千那由他億劫 或住無數劫 或住無
量劫 乃至或住不可說不可說劫

일체 국토의 차별을 분명하게 알며, 부처님의 종자 성품에 들어가서 저 피안에 이르르고, 저 모든 세계 가운데 일체 법을 배워 법이 상이 없음을 알며, 일체 법이 다 인연을 따라 일어나므로 성품의 몸이 없음을 알지만 세속을 따라 방편으로 널리 펴 설하고, 비록 모든 법에 마음이 머무르는 바가 없으나 중생의 모든 근기와 욕락을 따라 방편으로 갖가지 모든 법을 설합니다.

이 보살이 삼매에 머무를 때에 그 마음의 즐거움을 따라서 혹은 일 겁에 머무르고, 혹은 백 겁에 머무르며, 혹은 천 겁에 머무르고, 혹은 억 겁에 머무르며, 혹은 백억 겁에 머무르고, 혹은 천억 겁에 머무르며, 혹은 백천억 겁에 머무르고, 혹은 나유타억 수의 겁에 머무르며, 혹은 백 나유타억 수의 겁에 머무르고, 혹은 천 나유타억 수의 겁에 머무르며, 혹은 백천 나유타억 수의 겁에 머무르고, 혹은 무수 수의 겁에 머무르며, 혹은 무량 수의 겁에 머무르고, 더 나아가서 혹은 불가설불가설 수의 겁에 머무릅니다.

菩薩 入此一切法滅盡三昧 雖復經於爾所劫住 而身不離散 不羸瘦 不變異 非見非不見 不滅不壞 不疲不懈 不可盡竭 雖於有於無 悉無所作 而能成辦諸菩薩事 所謂恒不捨離一切衆生 敎化調伏 未曾失時 令其增長一切佛法 於菩薩行 悉得圓滿 爲欲利益一切衆生 神通變化 無有休息 譬如光影 普現一切 而於三昧 寂然不動 是爲菩薩摩訶薩入一切法滅盡三昧智神通

보살이 이 일체 법이 멸하여 다하는 삼매에 들어가서는 비록 다시 그러한 겁을 지나도록 머무르나 몸이 여의어 흩어지지도 않고, 여위지도 않으며, 변하거나 달라지지도 않고, 보이는 것도 아니고 보이지 않는 것도 아니며, 멸하지도 않고 무너지지도 않으며, 피로해 하지도 않고 게으르지도 않으며, 다하여 없어지지도 않습니다.

비록 있음과 없음에 다 짓는 바가 없으나 모든 보살의 일을 힘써 이루니, 일체 중생을 항상 여의어 버리지 않고, 조복시켜 교화하되 일찍이 때를 놓치지 않으며, 그들로 하여금 일체 불법을 더욱 더하여 보살의 행을 모두 원만하게 하되, 일체 중생을 이익 되게 하고자 신통변화를 쉬지 않는 것이 비유하면 빛의 그림자가 널리 일체를 나타내는 것과 같아서, 삼매에서 고요히 움직이지 않습니다.

이것을 보살마하살의 일체 법이 멸하여 다하는 삼매에 들어가는 지혜의 신통이라 합니다.

佛子 菩薩摩訶薩 住於如是十種神通 一切天人 不能思議
一切衆生 不能思議 一切聲聞 一切獨覺 及餘一切諸菩薩
衆 如是皆悉不能思議 此菩薩 身業 不可思議 語業 不可
思議 意業 不可思議 三昧自在 不可思議 智慧境界 不可思
議 唯除諸佛 及有得此神通菩薩 餘無能說此人功德 稱揚
讚歎 佛子 是爲菩薩摩訶薩 十種神通 若菩薩摩訶薩 住
此神通 悉得一切三世無礙智神通

불자들이여, 보살마하살이 이와 같은 열 가지 신통에 머무르면 일체 천인이 사의하지 못하고, 일체 중생도 사의하지 못하며, 일체 성문과 일체 독각과 나머지 일체 모든 보살 대중도 이와 같이 모두 사의하지 못합니다.

　이 보살의 몸의 업이 불가사의하고, 말의 업이 불가사의하며, 뜻의 업이 불가사의하고, 삼매의 자재함이 불가사의하며, 지혜의 경계가 불가사의하여서 오직 모든 부처님과 이 신통을 얻은 보살을 제외한 나머지는 이 사람의 공덕을 설하여 칭찬하거나 찬탄할 수 없습니다.

　불자들이여, 이것을 보살마하살의 열 가지 신통이라 하니, 만약 보살마하살이 이 신통에 머무르면 일체 삼세의 걸림 없는 지혜의 신통을 다 얻게 됩니다."

농선 대원 선사 결문

농선 대원 선사 결문(決文)

문 : 이 열 가지 신통을 요약해서 보여주십시오.

답 : 모두 다 여의어서 여읨이 없고
　　모두 다 이루어서 이룸이 없는
　　이 보살의 일상일 뿐이니라.

문 : 어찌해야 그렇게 되겠습니까?

답 : (법상에서 내려 방장실로 가버리다.)

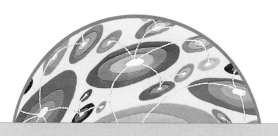

二十九 십인품

爾時 普賢菩薩 告諸菩薩言 佛子 菩薩摩訶薩 有十種忍
若得此忍 則得到於一切菩薩無礙忍地 一切佛法 無礙無盡
何者 爲十 所謂音聲忍 順忍 無生法忍 如幻忍 如焰忍 如
夢忍 如響忍 如影忍 如化忍 如空忍 此十種忍 三世諸佛
已說今說當說

🌊 보현보살이 십인품을 설하다

이때 보현보살이 모든 보살에게 말하였다.

"불자들이여, 보살마하살에게 열 가지 인(忍)*이 있으니, 만약 이 인을 얻으면 곧 일체 보살의 걸림 없는 인의 지위에 이르러 일체 불법이 걸림이 없고 다함이 없습니다.

어떤 것을 열 가지라 합니까? 음성의 인과 따르는 인과 남이 없는 법의 인과 환과 같은 인과 불꽃과 같은 인과 꿈과 같은 인과 메아리와 같은 인과 그림자와 같은 인과 여여하게 화하는 인과 허공과 같은 인입니다.

이 열 가지 인은 삼세의 모든 부처님께서 이미 설하셨고, 지금도 설하시며, 앞으로도 설하실 것입니다."

佛子 云何爲菩薩摩訶薩 音聲忍 謂聞諸佛所說之法 不驚
不怖不畏 深信悟解 愛樂趣向 專心憶念 修習安住 是名
菩薩摩訶薩 第一音聲忍

1) 음성의 인[音聲忍]

"불자들이여, 어떤 것을 보살마하살의 음성의 인이라 합니까?

모든 부처님께서 설하신 법을 듣고 놀라지 않고, 무서워하지 않으며, 두려워하지 않고, 깊이 믿고 깨달아 알며, 좋아하여 즐겁게 나아가고, 오롯한 마음으로 마음 깊이 지녀 잊지 않고 닦아 익혀서 편안히 머무르는 것입니다.

이것을 보살마하살의 첫째 음성의 인이라 이름합니다."

佛子 云何爲菩薩摩訶薩 順忍 謂於諸法 思惟觀察 平等
無違 隨順了知 令心淸淨 正住修習 趣入成就 是名菩薩摩
訶薩 第二順忍

2) 따르는 인[順忍]

"불자들이여, 어떤 것을 보살마하살의 따르는 인이라 합니까?

모든 법을 사유하고 관찰하며, 평등하고 어김이 없으며, 밝게 알아 수순하며, 마음을 청정하게 하고, 바르게 머물러 닦아 익혀서 성취함에 들어가는 것입니다.

이것을 보살마하살의 둘째 따르는 인이라 이름합니다."

佛子 云何爲菩薩摩訶薩 無生法忍 佛子 此菩薩摩訶薩
不見有少法生 亦不見有少法滅 何以故 若無生則無滅 若
無滅則無盡 若無盡則離垢 若離垢則無差別 若無差別則
無處所 若無處所則寂靜 若寂靜則離欲 若離欲則無作 若
無作則無願 若無願則無住 若無住則無去無來 是名菩薩
摩訶薩 第三無生法忍

3) 남이 없는 법의 인[無生法忍]

"불자들이여, 어떤 것을 보살마하살의 남이 없는 법의 인이라 합니까?

불자들이여, 이 보살마하살은 적은 법의 남도 보지 않고, 또한 적은 법의 멸함도 보지 않습니다.

무슨 까닭이겠습니까? 만약 남이 없으면 곧 멸함이 없고, 만약 멸함이 없으면 곧 다함도 없으며, 만약 다함이 없으면 곧 때를 여의고, 만약 때를 여의면 곧 차별이 없으며, 만약 차별이 없으면 곧 처소가 없고, 만약 처소가 없으면 곧 적정이며, 만약 적정이면 곧 욕심을 여의고, 만약 욕심을 여의면 곧 지음이 없으며, 만약 지음이 없으면 곧 서원이 없고, 만약 서원이 없으면 곧 머무름이 없으며, 만약 머무름이 없으면 곧 오고 감이 없습니다.

이것을 보살마하살의 셋째 남이 없는 법의 인이라 이름합니다."

佛子 云何爲菩薩摩訶薩 如幻忍 佛子 此菩薩摩訶薩 知
一切法 皆悉如幻 從因緣起 於一法中 解多法 於多法中
解一法 此菩薩 知諸法如幻已 了達國土 了達衆生 了達法
界 了達世間平等 了達佛出現平等 了達三世平等 成就種
種神通變化 譬如幻 非象非馬 非車非步 非男非女 非童男
非童女 非樹非葉 非華非果 非地非水 非火非風 非晝非
夜

4) 환과 같은 인[如幻忍]

"불자들이여, 어떤 것을 보살마하살의 환과 같은 인이라 합니까?

불자들이여, 이 보살마하살이 일체 법이 모두 환과 같은 인연으로부터 일어남을 알아, 온통인 법 가운데 많은 법을 알고 많은 법 가운데 온통인 법을 압니다.

이 보살이 모든 법이 환과 같음을 알고 나서는 국토를 밝게 통달하고, 중생을 밝게 통달하며, 법계를 밝게 통달하고, 세간이 평등함을 밝게 통달하며, 부처님께서 출현하심이 평등함을 밝게 통달하고, 삼세가 평등함을 밝게 통달하여 갖가지 신통변화를 성취합니다.

비유하면 환이 코끼리도 아니고 말도 아니며, 수레도 아니고 걸어 다님도 아니며, 남자도 아니고 여자도 아니며, 남자 아이도 아니고 여자 아이도 아니며, 나무도 아니고 잎도 아니며, 꽃도 아니고 열매도 아니며, 땅도 아니고 물도 아니며 불도 아니고 바람도 아니며, 낮도 아니고 밤도 아니며,

非日非月 非半月非一月 非一年非百年 非一劫非多劫 非定
非亂 非純非雜 非一非異 非廣非狹 非多非少 非量非無量
非麤非細 非是一切種種衆物 種種非幻 幻非種種 然由幻
故 示現種種差別之事 菩薩摩訶薩 亦復如是 觀一切世間
如幻 所謂業世間 煩惱世間 國土世間 法世間 時世間 趣
世間 成世間 壞世間 運動世間 造作世間

해도 아니고 달도 아니며, 반 달도 아니고 한 달도 아니며, 일 년도 아니고 백 년도 아니며, 일 겁도 아니고 여러 겁도 아니며, 안정된 것도 아니고 어지러운 것도 아니며, 순수한 것도 아니고 잡된 것도 아니며, 같은 것도 아니고 다른 것도 아니며, 넓은 것도 아니고 좁은 것도 아니며, 많은 것도 아니고 적은 것도 아니며, 헤아리는 것도 아니고 헤아리지 않는 것도 아니며, 거친 것도 아니고 미세한 것도 아니며, 이 일체 갖가지 온갖 사물이 아닌 것과 같습니다.

갖가지 것이 환이 아니고 환이 갖가지 것이 아니지만, 환을 말미암은 까닭으로 갖가지 차별된 일을 나타내 보입니다.

보살마하살도 또한 다시 이와 같아서 일체 세간이 환과 같음을 관하니, 업의 세간과 번뇌의 세간과 국토의 세간과 법의 세간과 시간의 세간과 취(趣)의 세간과 이루는 세간과 무너지는 세간과 운동하는 세간과 만드는 세간입니다.

菩薩摩訶薩 觀一切世間如幻時 不見衆生生 不見衆生滅
不見國土生 不見國土滅 不見諸法生 不見諸法滅 不見過
去可分別 不見未來有起作 不見現在一念住 不觀察菩提
不分別菩提 不見佛出現 不見佛涅槃 不見住大願 不見入
正位 不出平等性 是菩薩 雖成就佛國土 知國土無差別 雖
成就衆生界 知衆生無差別 雖普觀法界 而安住法性寂然
不動 雖達三世平等 而不違分別三世法

보살마하살이 일체 세간이 환과 같음을 관할 때, 중생이 나는 것을 보지 않고 중생이 멸하는 것도 보지 않으며, 국토가 나는 것을 보지 않고 국토가 멸하는 것도 보지 않으며, 모든 법이 생기는 것을 보지 않고 모든 법이 멸하는 것도 보지 않으며, 과거를 분별해서 보지 않고 미래가 일어남이 있음을 보지 않고 현재라는 한 생각에 머무름도 보지 않으며, 보리를 관찰하지 않고 보리를 분별하지도 않으며, 부처님의 출현을 보지 않고 부처님의 열반도 보지 않으며, 대원에 머무름을 보지 않고 정위에 들어감도 보지 않으니, 평등한 성품에서 벗어나지 않습니다.

이 보살이 비록 불국토를 성취하지만 국토가 차별이 없음을 알고, 비록 중생계를 성취하지만 중생이 차별이 없음을 알며, 비록 법계를 두루 관하지만 고요하여 움직이지 않는 법성에 편안히 머무르고, 비록 삼세가 평등함을 통달하지만 삼세의 법을 분별하여 어기지 않으며,

雖成就蘊處 而永斷所依 雖度脫眾生 而了知法界平等 無種種差別 雖知一切法 遠離文字 不可言說 而常說法 辯才無盡 雖不取着化眾生事 而不捨大悲 爲度一切 轉於法輪 雖爲開示過去因緣 而知因緣性 無有動轉 是名菩薩摩訶薩 第四如幻忍

비록 오온과 십이처를 성취하지만 의지하는 바를 영원히 끊고, 비록 중생을 제도하여 해탈시키지만 법계가 평등하여 갖가지 차별이 없음을 밝게 알며, 비록 일체 법이 문자를 멀리 여의어 말로 설할 수 없지만 항상 법을 설함에 변재가 다함이 없고, 비록 중생을 교화하는 일을 취하거나 집착하지 않지만 대비를 버리지 않아서 일체를 제도하기 위하여 법륜을 굴리며, 비록 과거의 인연을 열어 보이지만 인연의 성품은 움직여 옮김이 없음을 압니다.

이것을 보살마하살의 넷째 환과 같은 인이라 이름합니다."

佛子 云何爲菩薩摩訶薩 如焰忍 佛子 此菩薩摩訶薩 知
一切世間 同於陽焰 譬如陽焰 無有方所 非內非外 非有非
無 非斷非常 非一色非種種色 亦非無色 但隨世間言說顯
示 菩薩 如是 如實觀察 了知諸法 現證一切 令得圓滿 是
名菩薩摩訶薩 第五如焰忍

5) 아지랑이와 같은 인[如焰忍]

"불자들이여, 어떤 것을 보살마하살의 아지랑이와 같은 인이라 합니까?

불자들이여, 이 보살마하살이 일체 세간이 아지랑이와 같음을 압니다.

비유하면 아지랑이는 방소가 없어서 안도 아니고 밖도 아니며, 있는 것도 아니고 없는 것도 아니며, 끊어진 것도 아니고 항상한 것도 아니며, 한 가지 색도 아니고 갖가지 색도 아니며 또한 색이 없는 것도 아니니, 다만 세간의 말을 따라 나타내 보이는 것과 같습니다.

보살도 이와 같아서 여실하게 관찰하여 모든 법을 밝게 알고 일체를 증득함을 나타내어 원만함을 얻게 합니다.

이것을 보살마하살의 다섯째 아지랑이와 같은 인이라 이름합니다."

佛子 云何爲 菩薩摩訶薩 如夢忍 佛子 此菩薩摩訶薩 知
一切世間 如夢 譬如夢 非世間非離世間 非欲界 非色界
非無色界 非生非沒 非染非淨 而有示現 菩薩摩訶薩 亦
復如是 知一切世間 悉同於夢 無有變異故 如夢自性故 如
夢執着故 如夢性離故 如夢本性故 如夢所現故 如夢無差
別故 如夢想分別故 如夢覺時故 是名菩薩摩訶薩 第六如
夢忍

6) 꿈과 같은 인[如夢忍]

"불자들이여, 어떤 것을 보살마하살의 꿈과 같은 인이라 합니까?

불자들이여, 이 보살마하살이 일체 세간이 꿈과 같음을 압니다.

비유하면 꿈은 세간도 아니고 세간을 여읜 것도 아니며, 욕계도 아니고 색계도 아니고 무색계도 아니며, 나는 것도 아니고 없어지는 것도 아니며, 물든 것도 아니고 깨끗한 것도 아니지만 나타내 보임이 있는 것과 같습니다.

보살마하살도 또한 다시 이와 같아서 일체 세간이 모두 꿈과 같음을 아니, 변하거나 달라짐이 없는 까닭이어서 꿈이라 하지만 자체 성품과 같은 까닭이고, 꿈에서는 집착하는 것과 같은 까닭이며, 꿈에서는 성품을 여의는 것과 같은 까닭이고, 꿈이라 하지만 본래 성품과 같은 까닭이며, 꿈에서는 나타내는 바와 같은 까닭이고, 꿈이라 하지만 차별없는 것과 같은 까닭이며, 꿈은 생각으로 분별한 것과 같은 까닭이고, 꿈이란 깨어났을 때와 같은 까닭입니다.

이것을 보살마하살의 여섯째 꿈과 같은 인이라 이름합니다."

佛子 云何爲菩薩摩訶薩 如響忍 佛子 此菩薩摩訶薩 聞
佛說法 觀諸法性 修學成就 到於彼岸 知一切音聲 悉同
於響 無來無去 如是示現 佛子 此菩薩摩訶薩 觀如來聲
不從內出 不從外出 亦不從於內外而出 雖了此聲 非內非
外 非內外出 而能示現善巧名句 成就演說 譬如谷響 從緣
所起 而與法性 無有相違 令諸衆生 隨類各解 而得修學

7) 메아리와 같은 인[如響忍]

"불자들이여, 어떤 것을 보살마하살의 메아리와 같은 인이라 합니까?

불자들이여, 이 보살마하살이 부처님의 설법을 듣고 모든 법의 성품을 관하여 닦고 배워 성취하여 피안에 이르러서 일체의 음성이 모두 메아리와 같아 오고 감이 없지만 이와 같이 나타내 보인다는 것을 압니다.

불자들이여, 이 보살마하살이 여래의 음성이 안에서 나온 것도 아니고 밖에서 나온 것도 아니며 또한 안팎에서 나온 것도 아님을 관하니, 비록 이 음성이 안의 것도 아니고 밖의 것도 아니며 안팎에서 나온 것도 아님을 알지만 공교롭게 이름과 글귀로 나타내 보여 널리 펴 설함을 성취합니다.

비유하면 골짜기의 메아리가 인연을 따라 일어나듯이 이, 법의 성품과 더불어 서로 어김이 없이 모든 중생으로 하여금 종류를 따라 각각 알게 하여 닦아 배우게 합니다.

如帝釋夫人 阿修羅女 名曰舍支 於一音中 出千種音 亦不
心念 令如是出 菩薩摩訶薩 亦復如是 入無分別界 成就
善巧隨類之音 於無邊世界中 恒轉法輪 此菩薩 善能觀察
一切衆生 以廣長舌相 而爲演說 其聲 無礙 徧十方土 令
隨所宜 聞法各異 雖知聲無起 而普現音聲 雖知無所說
而廣說諸法 妙音平等 隨類各解 悉以智慧 而能了達 是名
菩薩摩訶薩 第七如響忍

마치 제석천왕의 부인이고 아수라의 딸인 사지(舍支)가 한 음성 가운데 천 가지 음성을 내되 또한 마음으로 생각하지 않고 이와 같이 내는 것과 같습니다.

보살마하살도 또한 다시 이와 같아서 분별없는 경계에 들어가 공교롭게 종류를 따르는 음성을 성취하여 끝없는 세계 가운데 항상 법륜을 굴립니다.

이 보살이 일체 중생을 잘 관찰하여 넓고 긴 혀의 상으로 널리 펴 설하니, 그 음성이 걸림없어 시방의 국토에 두루 하여 마땅함을 따라서 법을 들음이 각각 다르게 하고, 비록 음성이 일어남이 없음을 알지만 널리 음성을 나타내며, 비록 설한 바 없음을 알지만 모든 법을 널리 설하고, 묘한 음성이 평등하지만 종류에 따라 각각 알되 모두 지혜로 밝게 통달합니다.

이것을 보살마하살의 일곱째 메아리와 같은 인이라 이름합니다."

佛子 云何爲菩薩摩訶薩 如影忍 佛子 此菩薩摩訶薩 非
於世間生 非於世間沒 非在世間內 非在世間外 非行於世
間 非不行於世間 非同於世間 非異於世間 非往於世間 非
不往於世間 非住於世間 非不住於世間 非是世間 非出世
間 非修菩薩行 非捨於大願 非實非不實 雖常行一切佛法
而能辨一切世間事 不隨世間流 亦不住法流

8) 그림자와 같은 인[如影忍]

"불자들이여, 어떤 것을 보살마하살의 그림자와 같은 인이라 합니까?

불자들이여, 이 보살마하살은 세간에 나는 것도 아니고 세간에서 죽는 것도 아니며, 세간 안에 있는 것도 아니고 세간 밖에 있는 것도 아니며, 세간에서 행하는 것도 아니고 세간에서 행하지 않는 것도 아니며, 세간과 같은 것도 아니고 세간과 다른 것도 아니며, 세간에 가는 것도 아니고 세간에 가지 않는 것도 아니며, 세간에 머무르는 것도 아니고 세간에 머무르지 않는 것도 아니며, 세간도 아니고 출세간도 아니며, 보살의 행을 닦는 것도 아니고 대원을 버리는 것도 아니며, 실다운 것도 아니고 실답지 않은 것도 아닙니다.

비록 일체 불법을 항상 행하지만 일체 세간의 일을 분별하고, 세간의 흐름을 따르지 않지만 또한 법의 흐름에 머무르지도 않습니다.

譬如日月男子女人舍宅山林河泉等物 於油於水 於身於寶
於明鏡等淸淨物中 而現其影 影與油等 非一非異 非離非
合 於川流中 亦不漂度 於池井內 亦不沈沒 雖現其中 無
所染着 然諸衆生 知於此處 有是影現 亦知彼處 無如是
影 遠物近物 雖皆影現 影不隨物 而有近遠

비유하면 해와 달과 남자와 여인과 집과 산과 숲과 강과 샘 등의 만물이 기름과 물과 몸과 보배와 밝은 거울 등의 맑고 깨끗한 물건 가운데 그 그림자를 나타내는 것과 같습니다.

그림자가 기름 등과 더불어 같은 것도 아니고 다른 것도 아니며, 여읜 것도 아니고 합한 것도 아니며, 흐르는 물 가운데 또한 떠다니지도 않고 연못이나 우물 안에 또한 가라앉는 것도 아니어서, 비록 그 가운데 나타나지만 물들거나 집착하는 바가 없습니다.

그러나 모든 중생은 이곳에는 그림자가 나타난 것이라고 알고 또한 저곳에는 이와 같은 그림자가 없는 것이라고 알지만, 먼 사물이나 가까운 사물이 비록 모두 그림자를 나타내더라도 그림자가 사물을 따라 멀고 가까움이 있는 것은 아닙니다.

菩薩摩訶薩 亦復如是 能知自身 及以他身 一切皆是智之
境界 不作二解 謂自他別 而於自國土 於他國土 各各差別
一時普現 如種子中 無有根芽莖節枝葉 而能生起如是等
事 菩薩摩訶薩 亦復如是 於無二法中 分別二相 善巧方
便 通達無礙 是名菩薩摩訶薩 第八如影忍

보살마하살도 또한 다시 이와 같아서 자신의 몸과 다른 이의 몸, 일체가 모두 이 지혜의 경계인 줄 알아서 두 가지 이해를 짓지 않아 나와 남이 다르다고 하지는 않으나 자신의 국토와 다른 이의 국토를 각각 차별하여 일시에 두루 나타냅니다.

　마치 종자 가운데에는 뿌리와 싹과 줄기와 마디와 가지와 잎이 없지만 이와 같은 것들을 능히 내는 것과 같습니다.

　보살마하살도 또한 다시 이와 같아서 두 가지 법이 없는 가운데 두 가지 상을 분별하여서 공교로운 방편으로 통달하여 걸림이 없습니다.

　이것을 보살마하살의 여덟째 그림자와 같은 인이라 이름합니다.

菩薩摩訶薩 成就此忍 雖不往詣十方國土 而能普現一切
佛刹 亦不離此 亦不到彼 如影普現 所行無礙 令諸衆生
見差別身 同於世間堅實之相 然此差別 卽非差別 別與不
別 無所障礙 此菩薩 從於如來種性而生 身語及意 清淨
無礙 故能獲得無邊色相清淨之身

보살마하살이 이 인을 성취하여서 비록 시방의 국토에 나아감이 없이 일체 부처님세계에 두루 나타내더라도 또한 이곳을 여의지도 않고 또한 저곳에 이르르지도 않으니 그림자를 두루 나타내는 것과 같이 행하는 바가 걸림이 없고, 모든 중생으로 하여금 차별한 몸이 세간의 견실한 상과 같음을 보게 하지만 이 차별이 곧 차별이 아니어서 다름과 다르지 않음이 장애되는 바가 없습니다.

이 보살이 여래의 종자 성품으로부터 나서 몸과 말과 뜻이 청정하여 걸림이 없는 까닭으로 끝없는 색상의 청정한 몸을 얻습니다."

佛子 云何爲菩薩摩訶薩 如化忍 佛子 此菩薩摩訶薩 知
一切世間 皆悉如化 所謂一切衆生意業化 覺想所起故 一
切世間諸行化 分別所起故 一切苦樂顚倒化 妄取所起故
一切世間不實法化 言說所現故 一切煩惱分別化 想念所
起故 復有淸淨調伏化 無分別所現故 於三世不轉化 無生
平等故 菩薩願力化 廣大修行故 如來大悲化 方便示現故
轉法輪方便化 智慧無畏辯才所說故

9) 여여하게 화하는 인[如化忍]

"불자들이여, 어떤 것을 보살마하살의 여여하게 화하는 인이라 합니까?

불자들이여, 이 보살마하살이 일체 세간이 모두 다 여여하게 화하는 것임을 압니다.

일체 중생의 뜻의 업이 화하는 것은 각상(覺想)*에서 일어나는 까닭이고, 일체 세간의 모든 행이 화하는 것은 분별에서 일어나는 까닭이며, 일체 괴로움과 즐거움이 전도되어 화하는 것은 망령되게 취하는 데에서 일어나는 까닭이고, 일체 세간의 실답지 않은 법이 화하는 것은 말에서 나타나는 까닭이며, 일체 번뇌의 분별이 화하는 것은 생각에서 일어나는 까닭이고, 다시 청정하게 조복함이 화하는 것은 분별이 없는 데서 나타나는 까닭이며, 삼세에 옮겨감이 없음이 화하는 것은 남이 없이 평등한 까닭이고, 보살의 원력이 화하는 것은 광대하게 닦아 행하는 까닭이며, 여래의 대비가 화하는 것은 방편으로 나타내 보이는 까닭이고, 법륜을 굴리는 방편이 화하는 것은 지혜와 두려움 없음과 변재로 설하는 까닭입니다.

菩薩 如是了知世間出世間化 現證知 廣大知 無邊知 如事知 自在知 眞實知 非虛妄見 所能傾動 隨世所行 亦不失壞 譬如化 不從心起 不從心法起 不從業起 不受果報 非世間生 非世間滅 不可隨逐 不可攬觸 非久住 非須臾住 非行世間 非離世間 不專繫一方 不普屬諸方

보살이 이와 같이 세간과 출세간이 화하는 것임을 분명하게 아니, 바로 증득하여 아는 것이고, 광대하게 아는 것이며, 끝없이 아는 것이고, 사변과 같이 아는 것이며, 자재하게 아는 것이고, 참되고 실답게 아는 것이어서 헛되고 망령된 견해로는 흔들 수 없으며 세간의 행하는 바를 따르지만 또한 그르치지 않습니다.

비유하면 화하는 것이란 마음에서 일어난 것도 아니고 마음의 법으로부터 일어난 것도 아니며, 업으로부터 일어난 것도 아니고 과보를 받는 것도 아니며, 세간에서 나는 것도 아니고 세간에서 멸하는 것도 아니며, 따라다닐 수 있는 것도 아니고 붙잡을 수 있는 것도 아니며, 오래 머무르는 것도 아니고 수유에 머무르는 것도 아니며, 세간에서 행하는 것도 아니고 세간을 여의는 것도 아니며, 오로지 한 방위에 매인 것도 아니고 모든 방위에 두루 속한 것도 아니며,

非有量 非無量 不厭不息 非不厭息 非凡非聖 非染非淨
非生非死 非智非愚 非見非不見 非依世間 非入法界 非黠
慧 非遲鈍 非取非不取 非生死非涅槃 非有非無有 菩薩
如是 善巧方便 行於世間 修菩薩道 了知世法 分身化往
不着世間 不取自身 於世於身 無所分別 不住世間 不離世
間

헤아림이 있는 것도 아니고 헤아림이 없는 것도 아니며, 싫어하는 것도 아니고 쉬는 것도 아니며 싫어하지 않거나 쉬지 않는 것도 아니며, 범부도 아니고 성인도 아니며, 물든 것도 아니고 깨끗한 것도 아니며, 나는 것도 아니고 죽는 것도 아니며, 지혜로운 것도 아니고 어리석은 것도 아니며, 보이는 것도 아니고 보이지 않는 것도 아니며, 세간에 의지하는 것도 아니고 법계에 들어가는 것도 아니며, 영리한 것도 아니고 우둔한 것도 아니며, 취하는 것도 아니고 취하지 않는 것도 아니며, 생사도 아니고 열반도 아니며, 있는 것도 아니고 있지 않은 것도 아닌 것과 같습니다.

보살도 이와 같아서 공교한 방편으로 세간에서 행하여 보살의 도를 닦아서 세간의 법을 밝게 알아 몸을 나누어 화하여 가고, 세간에 집착하지 않고 자신의 몸을 취하지 않아서 세간과 몸에 분별하는 바가 없으며, 세간에 머무른 것이라고도 하지 않고 세간을 여읜 것이라고도 하지 않으며,

不住於法 不離於法 以本願故 不棄捨一衆生界 不調伏少
衆生界 不分別法 非不分別法 知諸法性 無來無去 雖無
所有 而滿足佛法 了法如化 非有非無 佛子 菩薩摩訶薩
如是安住如化忍時 悉能滿足一切諸佛菩提之道 利益衆
生 是名菩薩摩訶薩 第九如化忍

법에 머무른 것이라고도 하지 않고 법을 여읜 것이라고도 하지 않으니, 본래의 서원인 까닭으로 한 중생의 세계도 버리지 않고 적은 중생의 세계도 조복시킨 적이 없습니다.

법을 분별하는 것도 아니고 법을 분별하지 않는 것도 아니어서 모든 법의 성품이 오는 것도 아니고 가는 것도 아님을 알고, 비록 있는 바가 없으나 불법을 원만히 구족하며, 법이 여여하게 화하는 것이어서 있는 것도 아니고 없는 것도 아님을 압니다.

불자들이여, 보살마하살이 이와 같이 여여하게 화하는 인에 편안히 머무를 때에, 일체 모든 부처님의 보리의 도를 모두 원만히 구족하여 중생을 이익 되게 합니다.

이것을 보살마하살의 아홉째 여여하게 화하는 인이라 이름합니다.

菩薩摩訶薩 成就此忍 凡有所作 悉同於化 譬如化士 於
一切佛刹 無所依住 於一切世間 無所取着 於一切佛法
不生分別 而趣佛菩提 無有懈倦 修菩薩行 離諸顚倒 雖
無有身 而現一切身 雖無所住 而住衆國土 雖無有色 而普
現衆色 雖不着實際 而明照法性平等圓滿 佛子 此菩薩摩
訶薩 於一切法 無所依止 名解脫者 一切過失 悉皆捨離
名調伏者

보살마하살이 이 인을 성취하면 짓는 바가 모두 화하는 것과 같으니, 비유하면 화사(化士)*는 일체 부처님세계에 의지하여 머무르는 바가 없고, 일체 세간에 취하거나 집착하는 바가 없으며, 일체 불법에 분별을 내지 않되 부처님의 보리에 나아감에 게으름이 없고, 보살의 행을 닦아 모든 전도됨을 여의는 것과 같습니다.

비록 몸이 없지만 일체의 몸을 나타내고, 비록 머무르는 바가 없지만 여러 국토에 머무르며, 비록 색이 없지만 여러 색을 두루 나타내고, 비록 실제에 집착하지 않지만 법성이 평등하여 원만함을 밝게 비춥니다.

불자들이여, 이 보살마하살이 일체 법에 의지하는 바가 없으므로 해탈한 이라 이름하고, 일체 허물을 모두 다 여의어 버렸으므로 조복한 이라 이름하며,

不動不轉 普入一切如來衆會 名神通者 於無生法 已得善
巧 名無退者 具一切力 須彌鐵圍 不能爲障 名無礙者

움직임이 없고 옮겨감이 없이 일체 여래의 대중모임에 두루 들어가므로 신통한 이라 이름하고, 남이 없는 법에 이미 공교함을 얻었으므로 물러남이 없는 이라 이름하며, 일체의 힘을 갖추어 수미산과 철위산도 막지 못하므로 걸림 없는 이라 이름합니다."

佛子 云何爲菩薩摩訶薩 如空忍 佛子 此菩薩摩訶薩 了一
切法界 猶如虛空 以無相故 一切世界 猶如虛空 以無起
故 一切法 猶如虛空 以無二故 一切衆生行 猶如虛空 無
所行故 一切佛 猶如虛空 無分別故 一切佛力 猶如虛空
無差別故 一切禪定 猶如虛空 三際平等故 所說一切法
猶如虛空 不可言說故 一切佛身 猶如虛空 無着無礙故
菩薩 如是以如虛空方便 了一切法 皆無所有

10) 허공과 같은 인[如空忍]

"불자들이여, 어떤 것을 보살마하살의 허공과 같은 인이라 합니까?

불자들이여, 이 보살마하살이 일체 법계가 마치 허공과 같음은 상이 없는 까닭이고, 일체 세계가 마치 허공과 같음은 일어남이 없는 까닭이며, 일체 법이 마치 허공과 같음은 두 가지가 없는 까닭이고, 일체 중생의 행이 마치 허공과 같음은 행하는 바가 없는 까닭이며, 일체 부처님이 마치 허공과 같음은 분별이 없는 까닭이고, 일체 부처님의 힘이 마치 허공과 같음은 차별이 없는 까닭이며, 일체 선정이 마치 허공과 같음은 삼세가 평등한 까닭이고, 설한 바 일체 법이 마치 허공과 같음은 말로 설할 수 없는 까닭이며, 일체 부처님의 몸이 마치 허공과 같음은 집착이 없고 걸림이 없는 까닭임을 압니다.

보살이 이와 같이 허공과 같은 방편으로 일체 법이 다 있는 바가 없음을 압니다.

佛子 菩薩摩訶薩 以如虛空忍智 了一切法時 得如虛空身
身業 得如虛空語語業 得如虛空意意業 譬如虛空 一切法
依 不生不歿 菩薩摩訶薩 亦復如是 一切法身 不生不歿
譬如虛空 不可破壞 菩薩摩訶薩 亦復如是 智慧諸力 不可
破壞 譬如虛空 一切世間之所依止 而無所依 菩薩摩訶薩
亦復如是 一切諸法之所依止 而無所依

불자들이여, 보살마하살이 허공과 같은 인의 지혜로 일체 법을 요달할 때 허공과 같은 몸과 몸의 업〔身業〕을 얻고, 허공과 같은 말과 말의 업〔語業〕을 얻으며, 허공과 같은 뜻과 뜻의 업〔意業〕을 얻습니다.

비유하면 허공은 일체 법이 의지하되 나는 것도 아니고 없어지는 것도 아니듯이, 보살마하살도 또한 다시 이와 같아서 일체 법신은 나는 것도 아니고 없어지는 것도 아닙니다.

비유하면 허공은 무너뜨릴 수 없듯이, 보살마하살도 또한 다시 이와 같아서 지혜의 모든 힘은 무너뜨릴 수 없습니다.

비유하면 허공은 일체 세간이 의지한 바이지만 의지한 바가 없듯이, 보살마하살도 또한 다시 이와 같아서 일체 모든 법이 의지한 바이지만 의지한 바가 없습니다.

譬如虛空 無生無滅 能持一切世間生滅 菩薩摩訶薩 亦復
如是 無向無得 能示向得 普使世間 修行淸淨 譬如虛空
無方無隅 而能顯現無邊方隅 菩薩摩訶薩 亦復如是 無業
無報 而能顯示種種業報 譬如虛空 非行非住 而能示現種
種威儀 菩薩摩訶薩 亦復如是 非行非住 而能分別一切諸
行 譬如虛空 非色非非色 而能示現種種諸色 菩薩摩訶
薩 亦復如是 非世間色非出世間色 而能示現一切諸色

비유하면 허공이 나는 것도 없고 멸하는 것도 없지만 일체 세간의 나고 멸함을 지니듯이, 보살마하살도 또한 다시 이와 같아서 향하는 것도 없고 얻는 것도 없지만 향함과 얻음을 보여서 널리 세간으로 하여금 닦아 행하여 청정하게 합니다.

비유하면 허공이 방위가 없고 모퉁이가 없지만 끝없는 경계선을 나타내듯이, 보살마하살도 또한 다시 이와 같아서 업보가 없지만 갖가지 업보를 나타내 보입니다.

비유하면 허공이 행하는 것도 아니고 머무르는 것도 아니지만 갖가지 위의를 나타내 보이듯이, 보살마하살도 또한 다시 이와 같아서 행하는 것도 아니고 머무르는 것도 아니지만 일체 모든 행을 분별합니다.

비유하면 허공이 색도 아니고 색 아닌 것도 아니지만 갖가지 모든 색을 나타내 보이듯이, 보살마하살도 또한 다시 이와 같아서 세간의 색도 아니고 출세간의 색도 아니지만 일체 모든 색을 나타내 보입니다.

譬如虛空 非久非近 而能久住 現一切物 菩薩摩訶薩 亦
復如是 非久非近 而能久住 顯示菩薩 所行諸行 譬如虛
空 非淨非穢 不離淨穢 菩薩摩訶薩 亦復如是 非障非無
障 不離障無障 譬如虛空 一切世間 皆現其前 非現一切
世間之前 菩薩摩訶薩 亦復如是 一切諸法 皆現其前 非
現一切諸法之前

비유하면 허공이 오랜 것도 아니고 가까운 것도 아니지만 오랫동안 머물러 일체 만물을 나타내듯이, 보살마하살도 또한 다시 이와 같아서 오랜 것도 아니고 가까운 것도 아니지만 오랫동안 머물러 보살의 행할 바 모든 행을 나타내 보입니다.

비유하면 허공이 깨끗한 것도 아니고 더러운 것도 아니지만 깨끗함과 더러움을 여읜 것도 아니듯이, 보살마하살도 또한 다시 이와 같아서 막힌 것도 아니고 막힘이 없는 것도 아니지만 막힌 것과 막힘이 없는 것을 여읜 것도 아닙니다.

비유하면 허공이 일체 세간을 모두 그 앞에 나타내지만 일체 세간이 앞에 나타난 것이 아니듯이, 보살마하살도 또한 다시 이와 같아서 일체 모든 법을 다 그 앞에 나타내지만 일체 모든 법이 앞에 나타난 것도 아닙니다.

譬如虛空 普入一切 而無邊際 菩薩摩訶薩 亦復如是 普入
諸法 而菩薩心 無有邊際 何以故 菩薩所作 如虛空故 謂
所有修習 所有嚴淨 所有成就 皆悉平等 一體一味 一種
分量 如虛空清淨 徧一切處 如是證知一切諸法 於一切法
無有分別 嚴淨一切諸佛國土 圓滿一切無所依身 了一切
方 無有迷惑 具一切力 不可摧壞 滿足一切無邊功德

비유하면 허공이 일체에 두루 들어가지만 끝 간 데가 없듯이, 보살마하살도 또한 다시 이와 같아서 모든 법에 두루 들어가지만 보살의 마음도 끝 간 데가 없습니다.

무슨 까닭이겠습니까? 보살이 지은 바가 허공과 같은 까닭이니, 모든 닦아 익힘과 모든 청정하게 장엄함과 모든 성취함이 다 평등하여 온통인 몸이고, 온통인 맛이며, 온통인 근본이어서 분량이 허공과 같이 청정하여 일체 곳에 두루합니다.

이와 같이 일체 모든 법을 증득하여 알지만 일체 법에 분별함이 없어서, 일체 모든 불국토를 청정하게 장엄하고, 일체 의지한 바 없는 몸을 원만하게 하며, 일체 방위를 알아서 미혹함이 없고, 일체 힘을 갖추어서 꺾어 무너뜨릴 수 없으며, 일체 끝없는 공덕을 원만히 구족하고,

已到一切甚深法處 通達一切波羅蜜道 普坐一切金剛之
座 普發一切隨類之音 爲一切世間 轉於法輪 未曾失時 是
名菩薩摩訶薩 第十如空忍 菩薩摩訶薩 成就此忍 得無來
身 以無去故 得無生身 以無滅故 得不動身 以無壞故 得
不實身 離虛妄故 得一相身 以無相故 得無量身 佛力無量
故 得平等身 同如相故 得無差別身 等觀三世故 得至一切
處身 淨眼等照 無障礙故

일체 매우 깊은 법의 처소에 이르르며, 일체 바라밀의 도를 통달하고, 일체 금강의 자리에 두루 앉으며, 일체 종류를 따르는 음성을 내어 일체 세간을 위해서 법륜을 굴리되 한번도 때를 놓친 적이 없습니다.

이것을 보살마하살의 열째 허공과 같은 인이라 이름합니다.

보살마하살이 이 인을 성취하여 옴이 없는 몸을 얻으니 가는 것이 없는 까닭이고, 남이 없는 몸을 얻으니 멸하는 것이 없는 까닭이며, 부동의 몸을 얻으니 무너짐이 없는 까닭이고, 견실하지 않은 몸을 얻으니 허망함을 여읜 까닭이며, 온통인 상의 몸을 얻으니 상이 없는 까닭이고, 한량없는 몸을 얻으니 부처님의 힘이 한량없는 까닭이며, 평등한 몸을 얻으니 여여한 상과 같은 까닭이고, 차별이 없는 몸을 얻으니 삼세를 평등하게 관하는 까닭이며, 일체 곳에 이르르는 몸을 얻으니 깨끗한 눈으로 평등하게 비추어 장애가 없는 까닭이고,

得離欲際身 知一切法 無合散故 得虛空無邊際身 福德藏
無盡 如虛空故 得無斷無盡法性平等辯才身 知一切法相
唯是一相 無性爲性 如虛空故 得無量無礙音聲身 無所障
礙 如虛空故 得具足一切善巧淸淨菩薩行身 於一切處 皆
無障礙 如虛空故 得一切佛法海次第相續身 不可斷絕 如
虛空故 得一切佛刹中現無量佛刹身 離諸貪着 如虛空無
邊故 得示現一切自在法無休息身 如虛空大海無邊際故
得一切不可壞堅固勢力身

욕심의 경계를 여읜 몸을 얻으니 일체 법이 합하고 흩어짐이 없음을 아는 까닭이며, 허공처럼 가없는 몸을 얻으니 다함 없는 복덕의 보배장이 허공과 같은 까닭이고, 끊어짐이 없고 다함이 없는 법성의 평등한 변재의 몸을 얻으니 일체 법의 상이 오직 이 온통인 상임을 알아 성품이랄 것도 없음을 성품으로 삼아 허공과 같은 까닭이며, 한량없고 걸림 없는 음성의 몸을 얻으니 장애하는 바가 없음이 허공과 같은 까닭이고, 일체 공교롭고 청정한 보살의 행을 구족한 몸을 얻으니 일체 곳에 모두 장애가 없음이 허공과 같은 까닭이며, 일체 부처님의 법해에 차례로 서로 이어지는 몸을 얻으니 끊을 수 없음이 허공과 같은 까닭이고, 일체 부처님세계 가운데 한량없는 부처님세계를 나타내는 몸을 얻으니 모든 탐착을 여의는 것이 가없는 허공과 같은 까닭이며, 일체 자재한 법을 쉼 없이 나타내 보이는 몸을 얻으니 허공과 큰 바다와 같이 끝이 없는 까닭이고, 일체 무너뜨릴 수 없는 견고한 세력의 몸을 얻으니

如虛空 任持一切世間故 得諸根明利 如金剛堅固不可壞
身 如虛空 一切劫火 不能燒故 得持一切世間力身 智慧力
如虛空故 佛子 是名菩薩摩訶薩 十種忍

허공과 같이 일체 세간을 맡아 지니는 까닭이며, 모든 근의 밝고 예리함이 금강과 같이 견고하여 무너뜨릴 수 없는 몸을 얻으니 허공과 같이 일체 겁의 불이 태우지 못하는 까닭이고, 일체 세간을 주관하는 힘의 몸을 얻으니 지혜의 힘이 허공과 같은 까닭입니다.

불자들이여, 이것을 보살마하살의 열 가지 인이라 이름합니다."

爾時 普賢菩薩摩訶薩 欲重宣其義 而說頌言

譬如世有人
聞有寶藏處
以其可得故
心生大歡喜

如是大智慧
菩薩眞佛子
聽聞諸佛法
甚深寂滅相

보현보살이 게송으로 말하다

이때 보현보살마하살이 그 뜻을 거듭 펴고자 게송으로
말하였다.

비유하면 세간의 어떤 사람이
보배장이 있는 곳을 듣고
그것을 얻을 수 있는 까닭으로
마음에 큰 환희를 내는 것과 같네

이와 같은 큰 지혜로
참다운 불자인 보살이
모든 불법의
매우 깊은 열반상을 듣네

聞此深法時

其心得安隱

不驚亦不怖

亦不生恐畏

大士求菩提

聞斯廣大音

心淨能堪忍

於此無疑惑

自念以聞此

甚深微妙法

當成一切智

人天大導師

이 깊은 법을 들을 때에
그 마음이 편안해져서
놀라지도 않고 무서워하지도 않으며
또한 두려워하지도 않네

보살〔大士〕이 보리를 구함에
이 광대한 음성을 듣고
마음이 깨끗하여 참고 견디니
이에 의혹이 없네

이것을 듣고 스스로 생각하기를
매우 깊고 미묘한 법으로
마땅히 일체 지혜를 이루어
인간과 천상의 대도사가 되리라 하네

菩薩聞此音
其心大歡喜
發生堅固意
願求諸佛法

以樂菩提故
其心漸調伏
令信益增長
於法無違謗

是故聞此音
其心得堪忍
安住而不動
修行菩薩行

보살이 이 음성을 듣고
그 마음이 크게 환희하여
견고한 뜻을 발해서
모든 불법 구하기를 서원하네

보리를 좋아하는 까닭으로
그 마음은 점점 조복되고
믿음이 더욱 더해져서
법을 어기거나 비방하지 않네

이런 까닭으로 이 음성을 듣고
그 마음이 참고 견딤을 얻어서
편안히 머물러 움직이지 않고
보살의 행을 닦아 행하네

爲求菩提故

專行向彼道

精進無退轉

不捨衆善軛

以求菩提故

其心無恐畏

聞法增勇猛

供佛令歡喜

如有大福人

獲得眞金藏

隨身所應服

造作莊嚴具

보리를 구하기 위한 까닭으로
오로지 저 도를 향해서 행함에
퇴전함 없이 정진하여
온갖 착함의 멍에를 버리지 않네

보리를 구하는 까닭으로
그 마음에 두려움이 없고
법을 듣고 더욱 용맹해져서
부처님께 공양 올려 환희하게 하네

마치 큰 복이 있는 이가
진금의 보배장을 얻어서
몸에 알맞은
장엄구를 만들듯이

菩薩亦如是
聞此甚深義
思惟增智海
以修隨順法

法有亦順知
法無亦順知
隨彼法如是
如是知諸法

成就淸淨心
明徹大歡喜
知法從緣起
勇猛勤修習

보살도 또한 이와 같아서
이 매우 깊은 뜻을 듣고
사유하여 지혜의 바다를 더하며
수순하는 법을 닦네

법이 있음도 또한 수순하여 알고
법이 없음도 또한 수순하여 알며
저 법이 이러-함을 따라서
이와 같이 모든 법을 아네

청정한 마음을 성취하여
밝게 사무쳐 크게 환희하고
법이 인연으로부터 일어남을 알아서
용맹하게 부지런히 닦아 익히네

平等觀諸法
了知其自性
不違佛法藏
普覺一切法

志樂常堅固
嚴淨佛菩提
不動如須彌
一心求正覺

以發精進意
復修三昧道
無量劫勤行
未曾有退失

모든 법이 평등함을 관하고
그 자체 성품을 분명하게 알아서
불법의 보배장을 어기지 않으니
일체 법을 두루 깨닫네

뜻의 즐거움이 항상 견고하여
부처님의 보리를 청정하게 장엄하고
움직이지 않음이 수미산과 같으니
한결같은 마음으로 정각을 구하네

정진의 뜻을 발하여
다시 삼매의 도를 닦기를
한량없는 겁 동안 부지런히 행하여
일찍이 물러나거나 잃어버린 적이 없다네

菩薩所入法
是佛所行處
於此能了知
其心無厭怠

如無等所說
平等觀諸法
非不平等忍
能成平等智

隨順佛所說
成就此忍門
如法而了知
亦不分別法

보살이 들어간 법은
부처님께서 행하시던 곳이라
이것을 분명하게 알아서
그 마음에 싫어함과 게으름이 없네

부처님〔無等〕께서 설한 바와 같이
모든 법이 평등함을 관하니
평등한 인(忍)이 아닌 것 없어서
평등한 지혜를 이루네

부처님께서 설하신 바를 따라
이 인의 문을 성취하여
법과 같이 분명하게 알지만
또한 법을 분별하지도 않네

三十三天中
所有諸天子
共同一器食
所食各不同

所食種種食
不從十方來
如其所修業
自然咸在器

菩薩亦如是
觀察一切法
悉從因緣起
無生故無滅

삼십삼천 가운데
있는 모든 천자가
함께 같은 그릇에 음식을 먹지만
먹는 바는 각각 같지 않네

먹는 갖가지 음식이
시방으로부터 오는 것이 아니라
그들이 닦은 업대로
자연히 모두 그릇에 있네

보살도 또한 이와 같아서
일체 법을 관찰하니
모두 인연으로부터 일어난 것이어서
남이 없는 까닭으로 멸함도 없네

無滅故無盡
無盡故無染
於世變異法
了知無變異

無異則無處
無處則寂滅
其心無染着
願度諸群生

專念於佛法
未嘗有散動
而以悲願心
方便行於世

멸함이 없는 까닭으로 다함이 없고
다함이 없는 까닭으로 물듦이 없으니
세간의 변하고 달라지는 법이
변하여 달라질 것도 없음을 분명하게 아네

달라짐이 없으면 곧 처소란 것도 없고
처소란 것이 없으면 곧 적멸하니
물들거나 집착함이 없는 그 마음으로
모든 중생을 제도하기를 서원하네

오로지 불법만을 생각하여
일찍이 산란하여 움직인 적이 없고
자비와 서원의 마음으로
저 세간에서 방편을 행하네

勤求於十力
處世而不住
無去亦無來
方便善說法

此忍最爲上
了法無有盡
入於眞法界
實亦無所入

菩薩住此忍
普見諸如來
同時與授記
斯名受佛職

십력을 부지런히 구하여
세간에 있되 머무르지 않으며
가는 것도 없고 또한 오는 것도 없으나
방편으로 법을 잘 설하네

이 인은 가장 높은 것이어서
법이 다함이 없음을 알아
참다운 법계에 들어가지만
실로 들어간 바도 없네

보살이 이 인에 머물러
모든 여래를 두루 친견하고
동시에 수기를 받으니
이것을 부처님의 직위를 받는다고 이름하네

了達三世法
寂滅淸淨相
而能化衆生
置於善道中

世間種種法
一切皆如幻
若能如是知
其心無所動

諸業從心生
故說心如幻
若離此分別
普滅諸有趣

삼세의 법을 밝게 통달하여서
적멸하고 청정한 상으로
중생을 교화하여
착한 도 가운데 두네

세간의 갖가지 법
일체가 다 환과 같으니
만약 이와 같이 알면
그 마음이 움직인 바가 없네

모든 업이 마음에서 생기므로
마음이 환과 같음을 설하여서
만약 이 분별을 여의면
널리 모든 유루의 세계를 멸하네

譬如工幻師
普現諸色像
徒令衆貪樂
畢竟無所得

世間亦如是
一切皆如幻
無性亦無生
示現有種種

度脫諸衆生
令知法如幻
衆生不異幻
了幻無衆生

비유하면 환술사가
널리 모든 색의 형상을 나타내어
다만 대중으로 하여금 즐거움을 탐하게 하나
끝내 얻을 바가 없는 것과 같네

세간도 또한 이와 같아서
일체가 다 환과 같으니
성품이랄 것도 없고 또한 남〔生〕이랄 것도 없지만
갖가지를 나타내 보이네

모든 중생을 제도하여 해탈시켜서
법이 환과 같음을 알게 하지만
중생도 환과 다르지 않으니
환인 줄 알면 중생도 없네

衆生及國土
三世所有法
如是悉無餘
一切皆如幻

幻作男女形
及象馬牛羊
屋宅池泉類
園林華果等

幻物無知覺
亦無有住處
畢竟寂滅相
但隨分別現

중생과 국토와
삼세의 모든 법이
이와 같이 다 남음 없이
일체가 다 환과 같네

환으로 남녀의 형상과
코끼리와 말과 소와 양과
집과 연못과 샘과
원림과 꽃과 열매 등을 만드네

지각이 없는 환으로 된 만물은
머무르는 곳이 없어서
끝내 적멸한 상이니
다만 분별을 따라 나타난 것일 뿐이네

菩薩能如是
普見諸世間
有無一切法
了達悉如幻

衆生及國土
種種業所造
入於如幻際
於彼無所着

如是得善巧
寂滅無戲論
住於無礙地
普現大威力

보살도 이와 같아서
모든 세간을 두루 보지만
있음과 없음의 일체 법이
다 환과 같음을 밝게 통달하네

중생과 국토가
갖가지 업으로 만든 것이어서
환과 같은 경계에 들어가지만
거기에 집착함이 없네

이와 같은 공교로움을 얻으면
희론이 없는 적멸함이어서
걸림 없는 지위에 머물러
큰 위력을 널리 나타내네

勇猛諸佛子
隨順入妙法
善觀一切想
纏網於世間

衆想如陽焰
令衆生倒解
菩薩善知想
捨離一切倒

衆生各別異
形類非一種
了達皆是想
一切無眞實

용맹한 모든 불자가
묘한 법에 들어가 수순하여
일체 생각이
세간의 얽힌 그물임을 잘 관하네

온갖 생각은 아지랑이와 같아서
중생의 이해를 전도되게 하니
보살은 생각임을 잘 알아서
일체의 전도를 여의어 버리네

중생이 각각 달라
형상의 종류가 한 가지가 아니지만
모두가 생각임을 밝게 통달하면
일체가 참답고 실다운 것이 없네

十方諸衆生
皆爲想所覆
若捨顚倒見
則滅世間想

世間如陽焰
以想有差別
知世住於想
遠離三顚倒

譬如熱時焰
世見謂爲水
水實無所有
智者不應求

시방의 모든 중생이
다 생각에 덮힌 바이니
만약 전도된 소견을 버리면
곧 세간의 생각이 멸하네

세간은 아지랑이와 같아서
생각으로 차별이 있게 된 것이니
세간이 생각에 머무른 것임을 알면
세 가지 전도*를 멀리 여의네

비유하면 더울 때의 아지랑이를
세간에서 보고 물이라고 하지만
물이 실로 있는 바가 없으니
지혜로운 이는 구하지 않는 것과 같네

衆生亦復然
世趣皆無有
如焰住於想
無礙心境界

若離於諸想
亦離諸戲論
愚癡着想者
悉令得解脫

遠離憍慢心
除滅世間想
住盡無盡處
是菩薩方便

중생도 또한 다시 그러하여
세간의 취(趣)가 다 없는 것이어서
아지랑이와 같다는 생각에 머무르면
마음이 경계에 걸림이 없네

만약 모든 생각을 여의고
또한 모든 희론을 여의면
어리석어 생각에 집착한 이들
모두 해탈을 얻게 하네

교만한 마음을 멀리 여의고
세간의 생각을 없애버려서
다하되 다함마저 없는 곳에 머무르게 하니
이것이 보살의 방편이라네

菩薩了世法
一切皆如夢
非處非無處
體性恒寂滅

諸法無分別
如夢不異心
三世諸世間
一切悉如是

夢體無生滅
亦無有方所
三界悉如是
見者心解脫

보살이 세간의 법
일체가 다 꿈과 같음을 아니
처소가 있는 것도 아니고 처소가 없는 것도 아닌
성품의 몸이 항상 적멸하네

모든 법에 분별이 없으면
꿈이 마음과 다르지 않은 것과 같이
삼세의 모든 세간까지도
일체가 다 이와 같네

꿈의 몸은 나고 멸함이 없고
또한 방소도 없으니
삼계가 모두 이와 같음을
보는 이는 마음을 해탈하네

夢不在世間
不在非世間
此二不分別
得入於忍地

譬如夢中見
種種諸異相
世間亦如是
與夢無差別

住於夢定者
了世皆如夢
非同非是異
非一非種種

꿈은 세간에 있는 것도 아니고
세간 아닌 데에 있는 것도 아니어서
이 두 가지를 분별하지 않으면
인(忍)의 지위에 들어가네

비유하면 꿈 가운데
갖가지 모든 다른 상을 보듯이
세간도 또한 이와 같아서
꿈과 더불어 다를 것이 없네

꿈에서도 선정에 머무르는 이는
세간이 다 꿈과 같음을 아니
같은 것도 아니고 다른 것도 아니며
하나도 아니고 여러 가지도 아니네

衆生諸刹業
雜染及淸淨
如是悉了知
與夢皆平等

菩薩所行行
及以諸大願
明了皆如夢
與世亦無別

了世皆空寂
不壞於世法
譬如夢所見
長短等諸色

중생과 모든 세계의 업이
뒤섞여 물들기도 하고 청정하기도 하니
이와 같이 다 밝게 알면
꿈과 더불어 모두 평등하네

보살이 행하는 행과
모든 대원까지도
다 꿈과 같음을 밝게 아니
세간과 더불어 또한 다름이 없네

세간이 다 공적함을 알지만
세간의 법을 무너뜨리지 않는 것은
비유하면 꿈에서
길고 짧은 모든 색을 보는 것과 같네

是名如夢忍
因此了世法
疾成無礙智
廣度諸群生

修行如是行
出生廣大解
巧知諸法性
於法心無着

一切諸世間
種種諸音聲
非內亦非外
了之悉如響

이것을 꿈과 같은 인(忍)이라 이름하니
이로 인해 세간의 법을 알면
걸림 없는 지혜를 빨리 이루어
모든 중생을 널리 제도하네

이와 같은 행을 닦아 행하여
광대한 지혜를 내어서
모든 법의 성품을 공교롭게 알면
법에 집착하는 마음까지도 없네

일체 모든 세간의
갖가지 모든 음성이
안에 있는 것도 아니고 밖에 있는 것도 아니어서
다 메아리와 같음을 아네

如聞種種響
心不生分別
菩薩聞音聲
其心亦如是

瞻仰諸如來
及聽說法音
演契經無量
雖聞無所着

如響無來處
所聞聲亦然
而能分別法
與法無乖謬

마치 갖가지 메아리를 들어도
마음에 분별을 내지 않듯이
보살이 음성을 듣는
그 마음도 또한 이와 같네

모든 여래를 우러러 바라보면서
설하시는 법의 음성을 들으며
한량없는 경전을 널리 펴심을
비록 듣지만 집착한 바가 없네

마치 메아리가 온 곳이 없는 것과 같이
듣는 음성도 또한 그러하나
법을 분별하여서
법과 더불어 어김이 없네

善了諸音聲
於聲不分別
知聲悉空寂
普出淸淨音

了法不在言
善入無言際
而能示言說
如響徧世間

了知言語道
具足音聲分
知聲性空寂
以世言音說

모든 음성을 잘 알지만
소리를 분별하지 않고
소리가 다 공적함을 알지만
널리 청정한 음성을 내네

법은 말에 있지 않음을 알고
말이 없는 경계에 잘 들어가나
말로 설함을 보이니
마치 메아리가 세간에 두루 미치는 것과 같네

언어의 도를 분명하게 알고
음성의 분(分)*을 구족하여
소리의 성품이 공적함을 알지만
세간의 말로 설하네

如世所有音
示同分別法
其音悉周徧
開悟諸群生

菩薩獲此忍
淨音化世間
善巧說三世
於世無所着

爲欲利世間
專意求菩提
而常入法性
於彼無分別

세간의 모든 음성으로
분별함과 같이 하여 법을 보이고
그 음성을 다 두루 미치게 하여
모든 중생을 깨닫게 하네

보살이 이 인을 얻어서
깨끗한 음성으로 세간을 교화하여
삼세를 공교롭게 설하되
세간에 집착한 바가 없네

세간을 이익 되게 하고자
오롯한 뜻으로 보리를 구하여
항상 법성에 들어가
저것이라는 분별이 없네

普觀諸世間
寂滅無體性
而恒爲饒益
修行意不動

不住於世間
不離於世間
於世無所依
依處不可得

了知世間性
於性無染着
雖不依世間
化世令超度

모든 세간이
적멸하여 성품의 몸이 없음을 널리 관하되
항상 넉넉히 이익 되게 하기 위한
수행의 뜻은 흔들리지 않네

저 세간이란 머무를 것도 없고
저 세간이란 여읠 것도 없으며
저 세간이란 의지할 바가 없으니
의지할 곳을 얻을 것도 없네

세간의 성품을 밝게 알아
성품에 물들거나 집착할 것이 없으니
비록 세간에 의지하지 않으나
세간을 교화하여 초월하게 하네

世間所有法
悉知其自性
了法無有二
無二亦無着

心不離世間
亦不住世間
非於世間外
修行一切智

譬如水中影
非內亦非外
菩薩求菩提
了世非世間

세간의 모든 법
그 자성을 모두 알아서
법에 두 가지가 없음을 알고
두 가지가 없다는 것에도 집착하지 않네

마음은 세간을 여의지도 않고
또한 세간에 머무르지도 않지만
세간 밖에서
일체 지혜를 닦아 행하는 것도 아니네

비유하면 물 가운데 그림자가
안의 것도 아니고 밖의 것도 아니듯이
보살이 보리를 구하면
세간이 세간 아님을 아네

不於世住出
以世不可說
亦不在內外
如影現世間

入此甚深義
離垢悉明徹
不捨本誓心
普照智慧燈

世間無邊際
智入悉齊等
普化諸群生
令其捨眾着

세간에 머무르지도 벗어나지도 않으니
세간이라 설할 것도 없고
또한 안과 밖이 있지도 않아서
마치 그림자와 같이 세간에 나타낼 뿐이네

이 매우 깊은 뜻에 들어가서
때를 여의고 다 밝게 사무쳐
본래 서원의 마음을 버리지 않고
널리 지혜의 등불을 비추네

끝이 없는 세간에
지혜로 들어가 다 같이 평등하니
모든 중생을 널리 교화하여
그들로 하여금 온갖 집착을 버리게 하네

觀察甚深法
利益群生衆
從此入於智
修行一切道

菩薩觀諸法
諦了悉如化
而行如化行
畢竟永不捨

隨順化自性
修習菩提道
一切法如化
菩薩行亦然

매우 깊은 법을 관찰하여
중생의 무리를 이익 되게 하고
이로부터 지혜에 들어가서
일체의 도를 닦아 행하네

보살이 모든 법을 관하니
다 화한 것과 같음을 자세히 알아서
환과 같은 행을 행하되
끝내 영원히 버리지 않네

자성에서 화한 것임을 수순하여
보리의 도를 닦아 익히면
일체 법이 여여하게 화하는 것이니
보살의 행도 또한 그러하네

一切諸世間
及以無量業
平等悉如化
畢竟住寂滅

三世所有佛
一切亦如化
本願修諸行
變化成如來

佛以大慈悲
度脫化衆生
度脫亦如化
化力爲說法

일체 모든 세간과
한량없는 업이
평등하고 모두 여여하게 화하는 것이어서
끝내 적멸함에 머무르네

삼세의 모든 부처님과
일체가 또한 여여하게 화하는 것이지만
본래의 서원으로 모든 행을 닦아서
변화하여 여래를 이루네

부처님께서 대자비로
화한 중생을 제도하여 해탈시키지만
제도하여 해탈시킴 또한 여여하게 화하는 것이어서
화한 힘으로 법을 설하시네

知世皆如化
不分別世間
化事種種殊
皆由業差別

修習菩提行
莊嚴於化藏
無量善莊嚴
如業作世間

化法離分別
亦不分別法
此二俱寂滅
菩薩行如是

세간이 다 여여하게 화하는 것임을 알아서
세간을 분별하지 않으나
화한 일이 갖가지로 다른 것은
다 업의 차별로 말미암은 것이네

보리행을 닦아 익혀
화한 보배장을 장엄하니
한량없는 좋은 장엄이
업으로 세간을 짓는 것과 같네

화한 법은 분별함과
또한 법을 분별하지 않음도 여의어서
이 두 가지가 모두 적멸하니
보살의 행도 이와 같네

化海了於智
化性印世間
化非生滅法
智慧亦如是

第十忍明觀
衆生及諸法
體性皆寂滅
如空無處所

獲此如空智
永離諸取着
如空無種種
於世無所礙

화하는 바다의 밝은 저 지혜로
화한 성품에서 세간을 인(印)치니
화하는 것은 나고 멸하는 법이 아니어서
지혜도 또한 이와 같네

열 번째 인으로 밝게 관하니
중생과 모든 법과
성품의 몸이 모두 적멸하여서
허공 같이 처한 곳이 없네

이 허공과 같은 지혜를 얻으면
모든 취함과 집착함을 영원히 여의어
허공과 같이 여러가지가 없어서
세상에 걸림이 없네

成就空忍力
如空無有盡
境界如虛空
不作空分別

虛空無體性
亦復非斷滅
亦無種種別
智力亦如是

虛空無初際
亦復無中後
其量不可得
菩薩智亦然

허공과 같은 인〔空忍〕의 힘을 성취하면
허공과 같이 다함이 없어
경계란 것들이 허공과 같으나
허공이라는 분별마저도 짓지 않네

허공은 성품의 몸이 없으나
또한 다시 끊어져 멸하는 것도 아니고
또한 갖가지 차별도 없으니
지혜의 힘도 또한 이와 같네

허공은 처음도 없고
또한 다시 중간과 나중도 없어
그 양을 얻을 수 없으니
보살의 지혜도 또한 그러하네

如是觀法性
一切如虛空
無生亦無滅
菩薩之所得

自住如空法
復爲衆生說
降伏一切魔
皆斯忍方便

世間相差別
皆空無有相
入於無相處
諸相悉平等

이와 같이 법성을 관하면
일체가 허공과 같아서
나는 것도 없고 또한 멸하는 것도 없으니
보살들이 얻은 바이네

스스로 허공과 같은 법에 머물러
다시 중생을 위해 설하여
일체 마를 항복시키니
모두 이 인(忍)의 방편이네

세간의 상은 차별되지만
다 비어 상이 없는 것이니
상이 없는 곳에 들어가면
모든 상이라는 것이 다 평등하네

唯以一方便
普入衆世間
謂知三世法
悉等虛空性

智慧與音聲
及以菩薩身
其性如虛空
一切皆寂滅

如是十種忍
佛子所修行
其心善安住
廣爲衆生說

오직 온통인 방편으로
널리 여러 세간에 들어가서
삼세의 법을 안다 하지만
다 허공의 성품과 같네

지혜와 음성과
보살의 몸도
그 성품이 허공과 같아
일체가 다 적멸하네

이와 같은 열 가지 인을
불자가 닦아 행하면
편안하게 잘 머무는 그 마음으로
널리 중생을 위해 설하네

於此善修學
成就廣大力
法力及智力
爲菩提方便

通達此忍門
成就無礙智
超過一切衆
轉於無上輪

所修廣大行
其量不可得
調御師智海
乃能分別知

이것을 잘 닦고 배우니
광대한 힘을 성취하여
법의 힘과 지혜의 힘으로
보리의 방편을 행하네

이 인의 문을 통달하면
걸림 없는 지혜를 성취해서
일체의 무리를 뛰어넘어
위 없는 법륜을 굴리네

닦은 광대한 행은
그 양을 알 수 없어서
부처님〔調御師〕의 지혜 바다여야만
능히 분별하여 아네

捨我而修行
入於深法性
心常住淨法
以是施群生

衆生及刹塵
尚可知其數
菩薩諸功德
無能度其限

菩薩能成就
如是十種忍
智慧及所行
衆生莫能測

나라는 것을 버리는 행을 닦아서
깊은 법성에 들어가
마음이 깨끗한 법에 항상 머물러
이로써 중생에게 베푸네

중생이나 세계의 티끌은
그 수를 알 수 있으나
보살의 모든 공덕은
그 한계를 헤아릴 수 없네

보살이
이와 같은 열 가지 인을 성취하니
지혜와 행한 바는
중생이 헤아릴 수 없네

농선 대원 선사 결문

농선 대원 선사 결문(決文)

문 : 이 열 가지 인의 경지를 요약해서 보여주십시오.

답 : 그대 몸의 가장 가는 털 하나를
    잡아당기면 온몸이 다 아는 것과 같이
    온 법계의 일을 모두 다 밝게 아는 경지니라.

문 : 어찌해야 그렇게 되는 것입니까?

답 : 삼천대천세계가 법계 안에 있고
    법계와 법성은 허공 속 빛과 같은
    불가분의 관계이니라.

문 : 어찌해야 그렇게 되겠습니까?

답 : (한 번 때리다.)
    (조금 있다가 또 한 번 때리다.)
    (조금 있다가 또 한 번 때리다.)

∽ 미주

* 각상(覺想) : 마음으로 확실히 생각하는 것을 말한다.
* 분(分) : 나누어 갈라진 부분을 일컬을 때 쓰이는 말이다. 예
  를 들어, 보리에 이르르는 법인 삼십칠조도법(三十七助道法)에
  속하는 칠각분(七覺分)은 분을 붙임으로써 어떠한 개념의 일부
  분임을 알 수 있다.
* 세 가지 전도[三顚倒] : 상·의·견(想意見) 등 세 가지가 전
  도된 것. 집착에 의한 잘못된 생각으로 인해 무상(無常)을 상
  (常)이라 하고, 고(苦)를 락(樂)이라 하며, 무아(無我)를 아
  (我)라 하고, 부정(不淨)을 청정(淸淨)이라 하는 전도된 분별
  을 하는 것을 말한다.
* 인(忍) : 인정하여 확실하게 안다는 뜻으로, 도리를 확실하게
  알아서 안주하여 마음을 움직이지 않는 것을 말한다.
* 화사(化士) : 화주(化主) 또는 부처(佛)의 다른 이름.

출간도서

바로보인 전등록 전 5권
바로보인 무문관
바로보인 벽암록
바로보인 천부경·교화경·치화경
바로보인 금강경
세월을 북채로 세상을 북삼아
영원한 현실
바로보인 신심명
바로보인 환단고기 전 5권
바로보인 선문염송 전 30권
앞뜰에 국화꽃 곱고 북산에 첫눈 희다
바로보인 증도가
바로보인 반야심경
선을 묻는 그대에게 1·2
바로보인 선가귀감
바로보인 법융선사 심명
주머니 속의 심경
바로보인 법성게
달다 -전강 대선사 법어집
기우목동가
초발심자경문
방거사어록

실증설
하택신회대사 현종기
불조정맥 - 한·영·중 3개국어판
바른 불자가 됩시다
누구나 궁금한 33가지
108진참회문 - 한·영·중 3개국어판
달마의 일할도 허락지 않는다
마음대로 앉아 죽고 서서 죽고
화두 - 한·영·중 3개국어판
바로보인 간당론
완전한 우리말 불공예식법
바로보인 유마경
실증설 5개국어판 - 한·영·불·서·중
누구나 궁금한 33가지 3개국어판
- 한·영·중
달마의 일할도 허락지 않는다
3개국어판 - 한·영·중
화엄경 전 81권 중 43권
법성게 3개국어판 - 한·영·중
정법의 원류
바로보인 도가귀감
바로보인 유가귀감

출간예정 도서

화엄경 45권 ~ 81권
바로보인 능엄경 제6권
바로보인 원각경
바로보인 육조단경
바로보인 대전화상주 심경
바로보인 전등록 전 30권
바로보인 위앙록
해동전등록
말 밖의 말
언어의 향기

농선 대원 선사 선송집
진리와 과학의 만남
바로보인 5대 종교
금강경 야부송과 대원선사 토끼뿔
선재동자 참알 오십삼선지식
경봉선사 혜암선사 법을 들어 설하다
십현담 주해
불교대전
태고보우선사어록

법문 MP3를 주문판매합니다

부처님의 78대손이신 농선 대원 전법선사님의 법문 MP3가 나왔습니다. 책으로만 보아서는 고준하여 알기 어려웠던 선문의 이치들이 자세히 설하여져 있어서, 모든 궁금증을 시원하게 풀어줄 것입니다.

- 천부경 : 15,000원
- 신심명 : 30,000원
- 현종기 : 65,000원
- 기우목동가 : 75,000원
- 반야심경 : 1회당 5,000원 (총 32회)
- 선가귀감 : 1회당 5,000원 (총 80회)

- 금강경 : 40,000원
- 법성게 : 10,000원
- 법융선사 심명 : 100,000원

대원 선사님 작사 노래 CD 주문판매합니다

가슴으로 부르는
불심의 노래

1. 서 원 가 (3:36)
2. 반조 엄불가 (4:00)
3. 소중한 삶 (2:30)
4. 석가모니불 (4:52)
5. 맹서의 노래 (4:25)
6. 염원의 노래 (3:25)
7. 음성 공양 (3:51)
8. 발 심 가 (3:05)
9. 자비의 품 (4:10)
10. 부처님 은혜(첫 번째) (4:34)

11. 보살의 마음 (3:50)
12. 이 생에 해야 할 일 (3:08)
13. 구도의 목표 (3:16)
14. 님은 아시리 (3:42)
15. 부처님 은혜(두 번째) (4:34)
16. 성중성인 오성네 (3:10)
17. 내 문제는 내가 풀자 (2:38)
18. 즐거운 밤 (2:27)
19. 관 음 가 (2:48)

• 가격 : 2만 원

가슴으로 부르는
불심의 노래 2

1. 부 처 님 (4:01)
2. 열반재일 (3:09)
3. 성도재일 (4:00)
4. 석굴암의 노래 (3:19)
5. 님의 모습 (3:15)
6. 믿고 따르세 (2:55)
7. 신명을 다하리 (4:17)
8. 부처님께 바치는 마음 (3:49)
9. 감사합니다 (3:10)
10. 교 화 가 (4:30)

11. 섬진강 소초 (3:08)
12. 권 수 가[1] (3:02)
13. 권 수 가[2] (3:02)
14. 우란분재일 (3:38)
15. 고맙습니다 (2:31)
16. 믿음으로 여는 세상 (3:05)
17. 출가재일 (2:44)
18. 열 원 (2:52)
19. 우리네 삶, 고운 수로 (2:35)
20. 숨속의 마음 (2:33)

• 가격 : 1만5천원

문의 전화 ☎ 031-534-3373

유튜브에서 채널 구독하시고
무료로 찬불가 앨범을 감상하세요

유튜브에서 MOONZEN을 검색하시거나
아래의 주소로 접속해주세요

http://www.youtube.com/user/officialMOONZEN

화엄경 44권은 성불사 국제정맥선원
이성언님, 덕진 남영미 본연님, 이준
석님의 보시에 의해 출간되었습니다.
이 무량공덕으로 구경성불하시기를
기원합니다.